신라와 실크로드

신라와 실크로드

초판1쇄 인쇄　2020년 12월 10일
초판1쇄 발행　2020년 12월 15일

지은이　계명대학교 실크로드 중앙아시아연구원 편
펴낸이　신일희
펴낸곳　계명대학교 출판부
출판등록: 제347-1998-1호(1970. 9. 1)
주소: 대구광역시 달서구 달구벌대로 1095
대표전화: 053-580-6233　팩스: 053-580-6235
홈페이지: www.kmupress.com

ISBN 979-11-6516-055-5　93900　값 17,000원

• 이 도서의 국립중앙도서관 출판예정도서목록(CIP)은 서지정보유통지원시스템 홈페이지(http://seoji.nl.go.kr)와 국가자료 종합목록 구축시스템(http://kolis- net.nl.go.kr)에서 이용하실 수 있습니다. (CIP제어번호 : CIP2020051383)

이 책은 <실크로드 중앙아시아 인문루트 조성사업>을 위한 경상북도의 지원으로 출판되었습니다.

신라와 실크로드

계명대학교 실크로드 중앙아시아연구원 편

계명대학교 출판부

차례

4/

제4장

5/

제5장

6/

책 머리에

이 책은 모두 10개의 글로 이루어져 있다. 제목이 "신라와 실크로드"이다. 이미 비슷한 제목의 책들이 시중에 많이 나와 있지만, 아마도 주제가 그만큼 흥미롭고 중요하기 때문일 것이다. 그러면서도 제목이 너무 일반적이라 대수롭지 않게 여겨질지도 모르겠다. 그러나 그 '일반적'이라는 사실이 이 책의 특별함이라고 할 수 있다. 이 책은 전문 학술서적이라기보다 누구나 읽을 수 있는 교양서적이기 때문이다.

실크로드가 학문적 연구의 대상이 된 것은 겨우 1백 년 남짓하다. 독일의 지리학자 리히트호펜(Ferdinand von Richthofen, 1833~1905)이 처음으로 '실크로드'라는 용어를 사용한 이래 20세기 초 돈황 석굴이 서양인들에 의해 발굴되면서 본격적인 연구가 시작되었다고 할 수 있다. 하지만 그들의 '발굴' 작업은 '약탈'이나 다름없었다. 오죽했으면 그들 스스로 초기 발굴자들을 "실크로드의 악마들"(Peter Hopkirk, Foreign Devils on the Silk Road: The Search for the Lost Cities and Treasures of Chinese Central Asia. Oxford University Press, 2001)이라고 했을까? 그것은 근대와 함께 등장한 현상이다. 서구 중심의 제국주의적 문화침략의 연장 선상에 있었던 것이다. 물론 그들의 학문적 성과마저 폄훼할 필요는 없지만, 그 경향이 어쩔 수 없이 유럽중심주의(Eurocentrism)의 틀을 벗지 못한 것도 사실이다. 우리가 넘어야 할 산이다.

우리가 실크로드 연구에 본격적으로 참여한 것은 채 50년이 되지 않았다. 물론 그전에도 개별적인 관심사가 없었던 것은 아니지만, 아득히 먼 미지의 세계에 대한 상상력의 확대 수준이었다. 하지만, 최근 20년 사이 중앙아시아가 열리면서 상상의 세계는 현실 세계로 옮겨오기 시작했다. 그 연구 성과는 가히 폭발적이었다. 기본적으로 실크로드는 고대 중국과 그리스·로마 문화권 사이의 교섭을 가능케 한 길이라는 인식의 틀 속에서였다. 그러면서 이 길의 서쪽 경계는 인도에서 시리아로, 그리고 다시 시리아에서 로마까지 확장되는가 하면, 동쪽으로는 중국의 장안(長安)에서 한국의 경주, 심지어 일본의 나라(奈良)까지 확장되고 있다. 교역로 역시 유라시아 대륙의 초원 지역을 동서로 관통하는 '초원길' 외에 사막지대의 오아시스 도시들을 경유하는 '사막길', 남지나해와 인도양을 관통하는 '바닷길' 등을 포괄하고 있다. 아프로유라시아(Afro-Eurasia) 세계의 여러 문명과 지역들을 연결하는 다양한 루트들마저 '실크로드'란 이름 속에 녹아 들어가고 있다.

연구의 또 다른 경향은, 실크로드를 한반도의 역사와 연계시켜 파악하려는 것이다. 특히 고구려와 신라의 고대사는 세계사의 맥락에서 읽혀야 한다는 입장이고, 한반도의 문명이 실크로드를 통해 서역으로부터 엄청난 영향을 받았음을 증명해내는 데 주력하고 있다. 흥미롭지 않을 수 없고, 그동안 우리가 알던 세계사와 한국사에 대해 새로운 지평을 넓혀주는 내용이다. 그야말로 '우물 안의 개구리'가 우물 밖으로 나간 느낌이라고 할 수 있다. 그리고 우리는 자연스레 한반도에서 혹은 동양에서 서양으로 전파한 문명의 내용은 무엇인지 질문하지 않을 수 없게된다. 하지만, 자칫 '유럽중심주의'에 대한 대안으로 '한반도중심주의'의 기치를 내세우는 것으로 오해될 수 있는 소지도 없지 않다. 특정 중심주의를 또 다른 중심주의로 극복하려는 의도가 보이기 때문이다. 그럴 경우 신라와 고구려의 역사는 여전히 문명이 서양에서 동양으로 전해졌다는 소위 '문화전파론'의 틀에서 벗어날 수 없다.

이는 상호주의에 입각한 '문화교류론'으로 대체되어야 마땅하다. 그것은 역사 이해를 직선의 구조에서 곡선의 구조로, 혹은 입체적 구조로 파악하는 일이기도 하다. 예컨대, 실크로드를 단순히 교역로임을 강조하다 보면, 그 길이 관통하는 중앙아시아는 그 자체로서 역사와 문화를 지닌 독자적인 세계임을 망각하기 쉽다. 이렇게 되면 중앙아시아는 그야말로 통과 지역에 불과하고, 실크로드를 통해서만 역사적 의미를 부여받을 수 있는 주변 세계가 되고 마는 것이다. 유목민에 대한 이해도 마찬가지다. 그들은 그저 대상(隊商)들을 안내하기도 하고 약탈하기도 하는 존재로 그려지지만, 사실은 농경민과 더불어 공존과 투쟁을 거듭하며 실크로드의 역사를 만들어낸 매우 중요한 주체적인 존재였다.

실크로드를 통한 세계사 전개 과정에서 유목민이 끼친 영향력은 엄청난 것이었다. 실제로 기원전 2세기 후반 장건이 장안을 출발하여 멀리 아프간까지 다녀온 것은 원거리 교역을 통해 경제적 이윤을 얻기 위함이라기보다는 북방의 위협세력인 유목민족 흉노를 군사적으로 압박하기 위해서였다. 7세기에 당태종이 대군을 서쪽으로 파견해 투르판을 점령하고, 쿠차에 안서도호부를 설치해 중앙아시아를 장악했던 것도 초원의 유목세력 돌궐을 제압하기 위한 것이었다. 18세기 청의 건륭제가 중앙아시아로 진출해 신강을 정복한 것도 유목세력인 준가르를 제압하는 과정에서 이루어진 일이었다. 일방적으로 농경 정착민의 시각으로만 읽혀지던 실크로드가 제대로 읽혀지기 위해서는 유목민의 역사를 또 다른 축으로 삼아야 한다는 것이다. 그렇게 되면 실크로드가 '동서 문명의 가교'였다는 식의 막연한 이해 수준을 넘어서게 된다.

같은 맥락에서, 신라는 더 이상 실크로드의 '경유지'였던 것만은 아니다. 그렇다고 해서 '종착지'가 될 수도 없다. 동서의 정치, 문화, 경제적인 요소들을 만나고, 변용과 재창조를 거쳐, 그것을 다시 주변의 다른 지역으로 전달해주는 역할을 했던 공간이기 때문이다. 말하자면 신라는 스스로가 하나의 역동적인 역사 세계였으며, 신라가 있었기에 실크로드가 가능했던 것이라고 할 수 있다. 이 책은 신라를 다루되 한 가지 주제에 집중하는 대신 다양한 분야의 다양한 주제를 담고 있다. 그동안 학계에서 논의되어온 이러한 놀라운 경험과 고민을 우선 중고등학교 교사들과 공유하고 싶다. 교육현장에서 누구보다 이 새로운 세계의 등장에 대한 그들의 호기심이 조금이라도 충족될 수 있다면, 기존 정규 역사 교과목의 외연이 커지고 내용도 풍부해질 것이라 믿기 때문이다. 그것은 곧 우리 아이들의 세계관을 주체적이면서도 글로벌하게 만들어 줄 수 있는 계기가 될 것이다. 따라서 이 책이 일반 대중들의 교양도서로도 활용되기를 바란다.

이 책의 출판은 계명대학교 실크로드중앙아시아 연구원에서 기획한 실크로드 대중화 사업의 하나로 이루어졌다. 대면 강연회로 계획을 했지만, 년초부터 몰아친 팬데믹으로 말미암아 영상과 출판으로 대신하게 된 것이다. 같은 내용의 영상 강연은 www.censcakmu.org에서 시청할 수 있다. 여기에 우리 지역사회의 경북대학교, 영남대학교, 그리고 대구대학교 교수님들이 함께 참여하여 이 사업이 더욱 특별하고 의미있는 일이 되었다. 이런 결과물들을 내놓을 수 있게 된 것은 모두 경상북도의 적극적인 지원이 있었기에 가능한 일들이었다. 신라의 영토와 정신을 그대로 계승한 경상북도가 반드시 해야 할 일이라고 여기는 이철우 경상북도지사와 학문적 탁월성을 최고의 가치로 여기는 신일희 계명대학교 총장의 리더십이 만난 덕분이라고 할 수 있다. 신라의 개척정신과 실크로드의 교류정신을 계승하고 발전시켜 인류의 보편적 가치로 다듬어내는 일은 이제 우리의 몫이다.

2020년 11월

김 중 순 (계명대학교 실크로드중앙아시아연구원장)

제1장

인문 실크로드에서 사회-경제적 물류루트로

포스트 코로나 시대 : "신라에게 길을 묻다"

이 희 수(계명대학교 실크로드 중앙아시아연구원 특임교수)

1. 글을 시작하며

실크로드의 원래 기능은 부가가치가 이동해 가는 물류루트였다. 물건만 가는 것이 아니고 사람이 함께 가면서 가치와 문화를 실어나르는 인문 루트가 되었다. 이렇게 보면 종교, 신화, 사상, 스토리텔링, 예술, 기술과 정보혁신 등은 물류루트를 타고 흘러 들어간 2차적인 부산물이다. 상인들을 따라 혹은 그 길을 통해 머나먼 인도로 행하는 순례길이 되고, 선진 학문을 배우러 장안으로 떠나는 유학길이 되었다. 그들이 돌아와서 영성과 지식 혁명을 견인했다. 실크로드란 희망과 도전의 길만은 아니었다. 잘 닦여진 길(하드웨어)과 익숙하게 알려진 정보(소프

트웨어)를 배경으로 남의 것을 빼앗고 유린하는 전쟁의 길이 되기도 했다. 타지에서 묻혀온 세균과 바이러스로 인해 공동체 절멸을 가져왔던 팬데믹의 길이 되는 경우도 허다했다. 가장 의미있는 가르침은 실크로드는 결코 혐오와 배제의 길이 아니었다는 점이다. 고립과 정체의 방식보다는 섞이면서 자극받고 다름을 받아들여 어울리고 새로운 정보로 도전하게 하는 길이었다. 포스트 코로나 시대를 맞게 될 지금 우리 시대에 가장 절실한 삶의 화두를 고스란히 품고 있었다.

그 길은 땅에만 머물지 않았다. 더 많은 경우 바다로 향했다. 고래를 잡으러 바다로 향한 것은 아니다. 철저한 물류 개념 때문이었다. 더욱 안전하고 더욱 많은 물량을 실어나를 수 있는, 그래서 육상에서 열 번의 왕래를 통해 얻을 수 있는 이익을 한 번에 충족하는 바닷길이 선풍적인 인기를 끌었다. 이처럼 물류의 부가가치 때문에 바닷길이 무역로의 대명사가 되었다. 7세기부터는 육로인 오아시스 루트와 바닷길이 병존되다가 점차 바닷길이 선호되었고, 13세기 칭기스칸이 천하통일한 13세기의 50여년을 제외하고는 오늘날까지 바다가 물류 이동의 주통로가 되었다. 우리가 실크로드를 통한 문화의 이동과 접합, 융합과 창조를 이야기할 때 오아시스 육로보다 바닷길을 주목해야 하는 이유다.

문화란 무릇 삶의 압축이고 거울이다. 그래서 문화란 가만 그 자리에 있는 법이 없다. 문화를 담고 있는 그릇인 사람의 발길과 생각을 따라 또 다른 사람 사는 곳으로 전해진다. 그곳에서 다른 문화와 섞이면서 더러는 없어지기도 하지만, '문화의 자기화'라는 과정을 거치면서 변화된 형태로 살아남는다. 때로는 전혀 새로운 창조의 씨알이 되기도 한다. 그래서 다른 문화와 많이 접촉할수록 문화는 더욱 풍성해지고 무한의 상상력을 자극하여 발전해 간다. 문화는 잡종일수록 우수한 것이다. 종래 우리가 즐겨 쓰던 문화의 고유성과 독창성이라는 표현은 사실 문화의 속성에 비추어 보면 그리 좋은 표현은 아니다. 신라가 한국 역사상 가장 풍성한 국제감각을 키우고 번영을 구가했던 원동력은 바로 다양성을 바탕으로 한 '문화의 자기화'였다.

한국문화의 변천을 살펴보아도 적어도 신라와 고려를 거치면서 한반도는 바깥 세상에 열려있었고, 세계적인 문화가 스며드는 창구였다. 문화에 대한 한국인들의 국제감각은 당시의 세계적 흐름을 그대로 꿰뚫고 있었다. 8-9세기 당나라의 수도 장안은 물론 비잔틴 제국의 수도 콘스탄티노플, 북아프리카 지중해 지역, 나아가 압바스 제국의 수도 바그다드와도 문화적 연결고리가 맞닿아 있었다. 시기별로 북방의 초원과 오아시스의 실크로드, 심지어 바닷길을 통한 다양한 문화가 한반도로 전해지면서 우리 문화는 풍성해졌고, 나름대로의 독특한 정체성을 형성해 갈 수 있었다.

그런 뜻에서 우리 문화 속에 밀려든 다른 문화의 요소와 그 전파과정을 살펴보는 것은 우리 문화의 뿌리를 바로 찾고 창조적 원형성을 발견한다는 차원에서 매우 중요하고 의미있는 작업이 될 것이다. 그러나 그것이 그리 만만한 작업은 사실 아니다. 한국학의 틀 속에서 우리 문화의 성격을 규명하기도 벅찬데, 다른 문화와의 관계 속으로 연구 폭을 넓힌다는 것은 무모할 수도 있다. 고대와 중세의 다양한 고전사료들을 모아 해독해야 하고, 고고학과 민속학의 적절한 재해석, 서사시와 신화, 구비전승같은 무형문화유산의 복원, 쏟아져 나오는 각종의 자료들을 읽어내야 하는 외국어 습득, 인접학문과의 협동이 이루어져야 하기 때문이다.

그럼에도 불구하고 이제 한국역사와 문화연구는 한반도 테두리에서 국학 개념으로는 한계에 부닥치고 있다. 아시아 역사의 흐름 속에서 아시아를 하나로 보는 상호유기체적인 통찰력으로 우리의 좌표를 재설정해야 하는 것이다. 이 글은 그 작은 한 부분이다. 한국문화와 고대 서아시아, 7세기 이후에는 이슬람 문화권과의 접촉과 교류가 그러하였다. 이미 1500년 전 한반도는 세상에 열려있었고, 고대 한국인들의 열린 대외인식은 세상을 적극적으로 품어 안았다. 10,000km에 이르는 아시아의 다양한 실크로드를 따라 지구상에 존재하는 뛰어난 문물과 사상. 신화. 기술과 물질문명을 온 몸으로 받아들여 새로운 창의력으로 한국기층문화를 두텁게 하였다. 오늘날 무한의 생명력과 역동성으로 세계로 뻗어가는 한국문화의 글로벌 DNA는 이처럼 아시아의 동서를 관통하는 실크로드를 매개로 한 창조성과 교류에 깊은 뿌리를 두고 있다.

한국문화의 국제성을 21세기까지 가장 잘 담보하고 있는 문화지층의 보고가 신라다. 삼국사기, 삼국유사, 화랑세기, 구전과 설화, 고분과 사적들, 그곳에서 세상에 존재를 알리는 수백만점의 고고학적 발굴품 등, 가장 풍성하고 가장 중층적인 문화유산들이 기록과 함께 남아있기 때문이다. 이런 연구과정을 통해 고대 동서 실크로드의 동단은 신라였고 국제수도로서 경주는 당시 인구 50만을 넘어서는 글로벌 첨단 스마트 시티였음을 확인할 수 있다. 따라서 이 강의에서는 첫째 물류루트로서 실크로드의 사회경제적 역할을 살펴보고, 둘째 바닷길에 주목해 보고, 셋째 이 길을 따라 전해졌던 서아시아 이슬람 문화와의 접촉을 공부해 보기로 한다.

2. 고대 실크로드의 글로벌 양축: 오아시스와 바다를 넘나든 코스트 경쟁

오늘날 걸프 해(The Gulf)는 석유와 전쟁의 상징이다. 역사성과 전략적 중요성 때문에 그 명칭조차도 평화롭지 못한 지역이다. 이란에게는 페르시아만(The Persian Gulf)으로 아랍국가 사이에서는 아라비아 만(The Arabian Gulf)으로 불린다. 우리 동해의 명칭싸움과 같은 맥락이다. 팔레비 시절 서방과 이란의 관계가 좋을 때는 아무 의심 없이 우리 모두 페르시아만으로 불렀다. 그러다가 이란이 1979년 이슬람 혁명 이후 가장 거북한 반미국가로 돌변함에 따라 미국과 서방은 슬그머니 보통명사인 걸프를 고유명사로 만들어 부르기 시작했다. '이란의 바다'를 뜻하는 페르시아만에 미국군대를 진주시키고, 평화와 세계안정을 위해 전쟁을 한다는 명분이 거추장스러웠기 때문이었을까? 아무튼 오늘날 걸프 해는 1991년 엄청난 전쟁을 한 차례 치르고, 또 다시 월남전 이후 가장 가공할 전쟁을 치르고 있다. 이제 걸프 해는 그 누구의 바다도 아닌 미국의 바다가 되어 버렸다.

걸프 해는 아랍뿐만 아니라, 세계 동서 해상 무역에서도 빼놓을 수 없는 중요성과 상징성을 지닌다. 그 의미는 오늘날에도 그대로 계속되고 있다. 원래 진주와 산호 채집으로 살아가던 자그만 어촌들은 석유라는 20세기의 검은 황금을 만나면서 새로운 모습으로 다시 등장한다. 세계 원유의 70% 이상이 매장되어 있고, 중동 원유 물동량의 거의 대부분을 움직이는 해안이 되었다. 이는 세계 경제의 급소에 해당된다. 소위 아랍의 OPEC(석유수출국기구) 산유국들은 모두 이 걸프 내해에 집결해 있다. 사우디아라비아, 이라크, 이란, 쿠웨이트, 바레인, 카타르, 아랍에미리트, 오만 등. 이라크가 1991년 쿠웨이트를 침공한 것도, 이를 빌미로 아랍 내부의 문제인 걸프 전쟁을 미국이 일으킨 것도, 그리고 최근(2003)에는 세계의 강력한 반대에도 불구하고 굳이 이라크를 공격해 석유 시장을 장악하려는 미국의 억지 명분도 따지고 보면 수천 년간 내려오는 걸프 해가 갖는 세계무역의 핵심적 역할 때문이다.

그래서 오늘날 걸프 해의 모습과 그 기능에서 과거의 영광을 되살리기는 쉽지 않다. 그러나 걸프 해는 지난 1500년간 세계의 유행과 삶의 패턴을 바꾼 문화와 물자의 공급처였다. 따라서 한국과 서아시아와의 접촉과 문화교류도 1970년대 석유 위기 이후 형성된 경제적 이해관계의 결과만은 아니다. 1200년 전부터 육.해상 실크로드를 통해 긴밀한 인적-물적 교류가 이루어졌다. 특히 바닷길을 통한 외래문화의 접촉과 수용이 두드러졌다.

(1) 그런데 왜 우리 문화의 전파와 흔적은 보이지 않는가?

고대 그 종착역은 단연 소비력을 갖춘 아시아의 국제도시 경주였다. 그리고는 경주의 물품들과 기술, 문화는 사람들을 따라서 또다시 지구촌 곳곳으로 이동해 가면서 흩어졌을 것이다. 문화교류의 기본적인 속성이다. 그런데 왜 신라의 경주에는 외래요소는 무수히 발견되는데 우리의 것이 전해진 흔적은 상대적으로 미미하고 잘 보이지 않느

냐? 무수히 들어왔던 당연한 질문들이다. 두 가지 측면에서 설명할 수 있다. 하나는 치열한 국제교역의 경쟁력에서 당시 경주의 상품이나 기술이 세계적인 수준데 도달한 것이 수입품보다 많지 않을 수 있다. 이런 경우 물물교환 방식보다는 당시 은본위제도에서 은이나 금, 철기 생산품들이 국제적인 결제수단으로 교환되었을 것이다. 둘째는 '방사선 이론'이다. 경주는 세상의 모든 것을 받아들이고 집약시키는 볼록렌즈의 핵이기 때문에 비교적 잘 보이고 잘 남아있다. 역으로 우리 것은 전 세계로 흩어져 모래의 한 점처럼 산재해 있는 원리를 생각하면 되겠다. 그래서 기록으로 남아있지 않는 한 고고학적 발견으로 확인할 수 있는 개연성이 매우 희박해지는 것이다, 현재로서는 우리 학계가 우리와 관계를 맺었던 지역이나 왕조가 보존하고 있는 기록 유산의 발굴에 집중해야 하는 이유다. 우선 신라 사회의 외래요소부터 살펴보자.

경주에서 발굴되는 다양한 서아시아 교역품과 양식기법의 출토, 아랍인의 신라 진출, 경주 괘릉의 이방인 석상들, 처용의 존재에 관한 새로운 논의 등은 오래전부터 멀리 서아시아의 문화가 한반도로 흘러 들어왔다는 구체적 증거로 연구되어야 한다. 경주 괘릉 앞의 문인석상은 중앙아시아의 위구르인의 모습을 보여주고 있는데 반해, 무인석상은 페르시아계 무슬림 군인의 모습을 띠고 있다. 고분에서 출토된 여러 토용의 모습에서도 페르시아계나 투르크계 서역인의 분위기를 느낄 수 있다. 무엇보다 페르시아 왕자의 신라진출을 전해주는 고대 페르시아 구전 서사시 『쿠쉬나메』의 발굴과 연구는 신라 사회의 대외 접촉사에서 새로운 실마리를 던져줄 수 있다.

8세기 이후 아시아는 완전히 열려있었다. 콘스탄티노플의 상류사회 왕족들이 사용하던 장식품이나 공작새 꼬리털, 비취모, 공예품, 보석류, 여성 소품들과 장신구, 바그다드 일대로부터 전해진 여러 용도의 페르시아 카펫, 모직 말안장, 카펫 장식품, 아라비아 남부의 유향과 몰약, 옥 빗과 에메랄드 제품, 유리제품, 금속 수공예품 등이 중국 장안을 거쳐, 혹은 이슬람 상인들의 직거래를 통해 한반도로 활발하게 전달되었다. 그리고 화려하고 진귀한 수입품과 사치품들은 고대 한국 상층사회의 고급문화를 일구어냈다. 백제, 신라 고분에서 발굴되는 무수한 외래요소와 서아시아계 출토품, 나아가 삼국사기 기록에 보이는 아랍 상인들의 교역품 목록들이 좋은 예가 된다.

(2) 얼마나 비싸게 팔렸을까?

8세기 이후 것들은 대부분 바다를 통해 들어왔을 것이다. 부와 풍요를 꿈꾸는 사람들은 미지의 세계에 대한 모험심으로 새로운 시장을 찾아 항해를 한다. 배를 만들고 오랜 경험과 과학적 지식으로 물길을 찾고, 또 미세하게 변하는 하늘이라는 무대를 통해 천문학적 원리를 터득하고 방향을 잡아 새로운 세상을 찾아내었다. 새로운 시장을 찾았을 때 성취감은 그 어떤 것과도 바꿀 수 없는 쾌감과 교역을 위한 매력이었다. 수십에서 수천 배에 달하는 이익이 기다리고 있었기 때문이었다. 오만의 인도양 연안 지구 살랄라(Salalah)에서 선적한 유향이 로마 시장에서 2천 배의 가격으로 거래되었다니, 누가 이 매혹적인 모험에 뛰어들지 않을 수 있겠는가. 그 비싼 유향이 신라 사회에서도 사용되었다고 하니 그 가치와 희귀성은 쉽게 짐작이 가지 않을 정도다. 가장 첨단의 생각을 가진 사람들이 펼치는 경쟁적인 바닷길 개척은 동시에 문화 전파의 결정적 계기가 되었다. 4-5세기 신라고분에서 출토된 20여

점의 로마-페르시아형 유리제품만 하더라도 그 값은 매기기가 힘들 정도였을 것이다. 콘스탄티노플에서 낙타 등이나 배에 실린 깨지기 쉬운 화려한 유리제품들이 바그다드, 테헤란, 사마르칸드, 부하라, 헤라트, 장안 같은 구매력 갖춘 국제 교역도시의 구매유혹을 과감하게 뿌리치고 신라의 경주시장까지 오려면 적어도 그 이상의 수익 담보가 있어야만 가능하다. 1만 km 여정의 코스트는 결코 가볍지 않았을 것이다. 당시 유리값이 g당 금값과 비교했을 때 금값의 몇 배 정도가 되어야 겨우 한반도까지 올 수 있는 상품으로서 가치를 지니기 때문이다. 신라 사회의 유리 가격을 따지는 것만 해도 몇 개의 논문이 나올 수 있을 법하다.

무엇보다 한반도와 일본 주변에는 필리핀에서 태국, 동중국해, 일본 오키나와(沖繩) 해안, 도쿄(東京)만, 태평양으로 흐르는 쿠로시오 해류가 있다. 때문에 바닷물의 전체적 흐름이 한반도에서 일본을 향한다. 쿠로시오 해류는 제주 남쪽에서 해류가 갈라지며 한반도 쪽으로 흘러들기도 한다. 중국 동남부 해안가에서 출발한 바닷길 교역에는 이처럼 흑산도에서 도작한 후, 해류를 따라 개운포(울산)까지 교역선이나 상인들이 진출했던 것은 분명해 보인다. 아랍 지리학자 이드리스가 편찬한 세계지도에 한반도를 6개의 섬으로 묘사하고, 그 후 많은 아랍-페르시아 지리학자, 역사학자, 백과사전 편찬자들이 신라로 가는 길목을 여러 개의 섬으로 묘사하고 있다는 것은 그들이 바닷길을 절대적으로 선호했다는 사실을 잘 말해준다. 많은 경우 육로와 바닷길이 코스트 계산에 따라 상호 보완적으로 작동하기도 했다. 중국 장안까지 육로로 와서 수나라 양제 때 개통한 운하를 타고 양저우까지 강을 이용하고 다시 항저우에서 뱃길로 흑산도까지 오는 루트가 가장 보편적이고 경제적인 루트였을 것이다.

(3) 물류 이동 속도와 문화전파

유라시아를 사이에 두고 육로이건 해로이건 신라와 서 아시아간에는 1년 단위로 거의 '동시패션시대'를 살았다. '동시패션시대'라 함은 콘스탄티노플에서 경주까지 전달되는 고부가의 교역품 수송 기간이 바닷길은 물론 낙타를 이용한 육상 실크로드를 통해서도 8개월이면 가능했다는 뜻이다. 교역품의 가치를 극대화하려는 옛 상인들의 열망은 가장 경제적이고 가장 빠른 방법으로 번성하던 경주 시장에 다른 상인들과 속도경쟁을 벌이며 도착할 수밖에 없었을 것이다. 물론 육-해상 교역 모두 전속력으로 특정 목표시장을 향해 달리는 경우보다는 중간 기착지에서 수많은 교역을 계속하면서 필요한 상품들이 필요한 지역으로 운반하였다. 콘스탄티노플에서 경주에 이르는 12,000km의 실크로드를 중간중간 형성된 카라반 사라이(隊商숙소)의 상황과 낙타의 이동속도, 고대 교역에 대한 역사적 사료 등을 감안하면, 육로로 빠르면 8~10개월 정도라는 계산이 나온다. 낙타는 하루 10시간씩 40km 정도를 거뜬히 이동해 갈 수 있다. 이는 꼬박꼬박 끼니를 챙기고 20~30km마다 산재해 있는 대상 숙소에서 충분한 수면을 취하면서 이동해 가는 경우다. 바닷길도 마찬가지다. 그러나 이런 속도로는 자칫 사업을 망치기 일쑤다. 만약 1주일만 늦게 목적지에 도착하여 다른 경쟁자가 유사한 물품을 시장에 이미 풀었다면 그는 결정적인 타격을 입게 된다. 전 재산과 목숨을 담보하고 험난한 실크로드를 달려온 보답치고는 너무나 허망한 치명상이다. 그래서 일단 물품목록과 목표지가 정해지면 가장 부가가치가 높고 이익이 많이 남는 물품은 곧장 목표시장을 향해 전속력으로 나아간다. 8개월이면 세계 어느 지역의 물건과 유행, 패션 등이 경주까지 올 수 있는 시간이 된다. 낙타는 400kg이 넘는 짐을 가득 싣고 400km를 계속해서 이동해 갈 수 있는 사막의 배다. 17일간이나 물 한 모금 먹지 않고 견딜 수 있는 놀라운 수송력을 가졌다.

(4) 물류 루트

서아시아나 유라시아 일대의 문화적 요소들이 한반도로 유입되는 통로는 크게 세 갈래 길이 있었다. 기원 8-9세기경 청동기 문화는 스텝 실크로드를 따라 한반도까지 퍼져갔다. 흔히 스키타이문화로 동물 대칭형 장식과 청동기 문화 루트가 이곳이다. 기원전 1세기부터 6세기까지는 육상의 오아시스 실크로드가 각광을 받았다. 기원전 1세기 장건이 실크로드를 처음 경영한 이래 중국과 서방을 잇는 문화교류는 오아시스 루트를 이용했다. 7-10세기경에는 바닷길이 선호되었다. 오아시스 루트에 정치적 불안과 국가가 난립하면서 오호16국-남북조 시대라는 대혼란의 시기에 오아시스를 가로지르는 문화전파는 생산 코스트가 너무 비쌌다. 그래서 아무런 제약도 받지 않고 모두가 공해인 해로가 선호되었다.

7세기 이전까는 아직 인도양을 가로지르는 원거리 항해술과 그에 적합한 선박의 건조가 따라주지 못했기 때문에 부분적인 근해 해상 교역을 제외하고는 비교적 안전한 육상 실크로드가 이용되었다. 육상 실크로드는 비잔틴 제국의 콘스탄티노플을 한 축으로 하고 다른 한 축으로는 중국의 장안이었다. 물론 그 과정에 수많은 지로와 간선도로가 있어 실핏줄처럼 교역망이 연결되고 있었다. 간선 도로를 따라 콘스탄티노플에서 출발한 대상과 교역 물품들은 신라 사회까지 전달될 수 있었다. 주요 루트를 살펴보자.

① 북로

경주 → 유주 幽州(베이징) → 장안, 낙양 → 안서安西 → 이오伊吾(하밀哈密) → 고창高昌 → 언기焉耆(카라샤르) → 쿠차 → 소륵疏勒(카슈가르) → 파미르고원 → 타슈켄트 → 사마르칸드(아프라시압) → 부하라 → 메르브 → 니샤푸르 → 라가에(테헤란 → 예레반 → 콘스탄티노플

② 남로

경주 → 낙양, 장안 → 안서 → 돈황敦煌 → 누란樓蘭 → 호탄 → 피산皮山(현 신강성) → 인더스강 → 간다라 → 카불 → 칸다하르 → 케르만(이란 → 바그다드 → 팔미라 → 베이루트 → 콘스탄티노플 → 알렉산드리아

3. 서구의 지리상의 대발견보다 천년이나 앞선 아시아의 바닷길 교류

1498년 5월 22일, 바스코 다가마는 오만 출신의 아랍인 항해사 아흐마드 빈 마지드(Ahmad Bin Majid)를 앞세워 아프리카 남단 희망봉을 돌아 인도 서부 캘리컷에 도착했다. 그에 앞서 1492년에는 인도를 향해 출발한 콜럼버스가 항해술의 미숙으로 아메리카 대륙에 도달함으로

써 유럽인들의 화려한 대항해 시대가 열렸다. 중세의 긴 암흑의 터널에서 새롭게 유럽이 깨어나는 역사의 전환점이 마련된 셈이다. 그러나 소위 지리상의 대발견과 대항해시대는 어디까지나 유럽인들에게 국한된 지극히 서구 중심적인 생각이고 역사 인식이었다. 그들이 아직 지구의 천동설과 지동설의 논쟁에 목숨을 걸고 있을 때, 인도와 동남아시아를 중심에 두고 아시아의 끝과 끝 사이에는 일찍부터 바닷길이 열려 있었다. 앞선 항해기술과 계절풍을 이용하여 내해처럼 가로질러 문화를 나르고 문명을 교환했다.

바다라는 무한의 가능성을 통해 사람이 왕래하고 기술을 주고받으면서 한반도도 세계적인 변화의 물결을 온몸으로 받아들이는 위치에 있었다. 서양 사람들이 본격적으로 한반도를 찾아오기 시작하는 19세기 말 보다 거의 1천년 전의 일이다. 걸프 해에서 몬순(계절풍)이 사작되는 4월에 출발한 아랍 선단은 6개월 후면 중국 동남부 해안에 도달하고, 그곳에 정착해 살면서 공동체를 이루었다. 중국의 자료에 의하면 이미 3-4세기경 중국의 거대한 정크선이 중국해안을 출발하여 걸프해로 항하고, 더 나아가 강을 따라 유프라테스와 티그리스 상류까지 항해했다는 기록이 보인다. 아랍 사료에도 5-6세기경 중국의 선박들이 걸프 해의 시라프(Siraf)항까지 도달했음을 밝히고 있다. 그러나 6세기까지 중국과 아라비아 사이의 해상교역은 중국 상인들의 걸프해로의 직접진출보다는 아랍 상인들의 중국진출이 압도적으로 빈번했음을 시사해 주고 있다. 두 나라 사이의 해상교역은 7세기 이슬람의 성립 이후 너욱 빈빈해지고 따라서 많은 기록들이 양측의 사료에 적지 않게 등장한다.

통일신라 이전까지는 주로 육상의 오아시스 실크로드가 선호되었던 반면에, 8세기부터는 중국 동남부 해안과 한반도 간의 직간접 해상교역이 더욱 활발해진 것으로 보인다. 더욱이 9세기 초 장보고의 해상세력이 중국-한반도-일본을 잇는 동북아 경제권을 완전히 장악하고 있었기 때문에, 신라와 아랍 상인들 간의 교류는 주로 중국(양주 등)에서의 간접교역이 주가 되었다. 그러나 장보고 세력이 몰락하고 시장질서의 교란이 일어나는 9세기 중반 이후에는 아랍 상인들의 직접적인 한반도 진출이 빈번하게 일어나기도 했다. 중국의 항주나 양주를 출발한 아랍-페르시아계 선단은 잘 알려진 쿠로시오(흑조) 해류를 따라 흑산도 앞까지 정해진 항로를 따라 손쉽게 올 수 있었고, 서해를 따라 연평도 쪽으로, 또 대한해협을 가로지르며 남해를 종횡무진으로 내왕하였다. 9세기 이후 아랍 사료의 기록이 빈번히 등장하고, 구체적인 교류의 흔적이 감지되는 시기와도 정확하게 맞아떨어진다.

아랍 역사학자 마수디(Mas'udi)의 대표작인 『황금초원과 보석광산』에 의하면 7세기경 진귀한 물건을 가득 실은 중국 상선들이 아라비아 동부와 걸프해로 들어와서 교역을 했고, 이븐 알 칼비(Ibn al-Kalbi)의 언급에 의하면 오만의 수도 무스카트에는 중국 시장이 형성될 정도라 했다. 중국인들은 주로 겨울철 북동풍 몬순을 이용하여 중국 남쪽 광동(廣東)지방의 광저우를 출발하여, 아라비아해로 향했으며, 4월부터 10월 사이에 불어오는 남서 계절풍을 이용하여 회항하는 항해를 반복했다. 그러나 두 나라 사이의 교역은 직접적인 내왕보다는 인도와 동남아시아를 중간 기점으로 하는 경우가 더욱 경제적이고 실질적이었다. 아랍-페르시아 상인들도 처음에는 직접 중국까지 가기보다는 인도 말라바르(Malabar) 해안의 케랄라(Kerlala)와 스리랑카, 말라카와 수마트라 해안, 좀 더 북상해서는 베트남 남부의 참파를 근거지로 해서 중간교역의 이득을 챙겼다. 8세기 이후부터 항해술과 대양횡단 항로에 대한 정보와 경험이 축적되면서, 중국의 광저우까지 직접 내왕하는 교역량도 점차 증가하였다. 그러면서 광저우를 중심으로 번방(蕃坊)이라 불리는 아랍-페르시아인 중심의 대규모 외국인 공동체도 형성되었다.

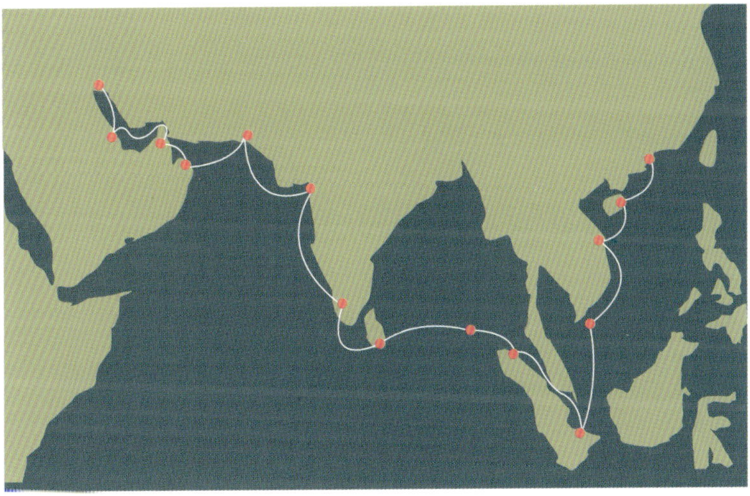

8~9세기 동서양의 해상무역로

치외법권 자치공동체 '번방'

무엇보다 아랍 상인들의 교역 목표지인 광저우 항에는 이슬람 시기 식선인 7세기 초부디 아랍-페르시아 상인들의 집단거주지와 전문상점이 존재했다고 믿어진다. 중국 동남부 해안지역의 상권을 장악한 아랍-페르시아계 상인들은 점차 교역권을 넓혀나갔다. 광주에서 출발하여 취안저우(泉州), 푸저우(福州), 항저우(杭州), 양저우(揚州)를 중심으로 하는 5대 국제도시에 대규모 이슬람 공동체를 형성해 갔다. 신라 사람들의 거주지가 '신라방'으로 불린 것처럼, 아랍-페르시아인들의 거주는 '번방'으로 불렸다. 당시 번방의 규모와 영향력은 상상을 초월한 정도로 막강했으며, 해상교역 관련 고위관직에도 많은 수의 아랍인 후예들이 등용되었다. 무슬림들을 위한 자치공동체인 번방에서 그들은 종교적 자유와 행정적 자치를 누렸고, "까디(Qadi)"라는 행정책임자와 "세이크(Sheikh)"라는 종교지도자를 선출하여 이슬람 율법과 고유의 관습을 유지해 나갔다.

당시 국제무역에서 신라인과 무슬림들의 접촉은 더욱 뚜렷이 나타난다. 교역권의 형성을 보면, 대강 양저우를 기점으로 북쪽의 "중국-신라-일본" 교역권은 장보고를 중심으로 한 신라 해상세력이 장악하였고, 남쪽의 "중국-인도차이나-아랍제국"을 연결하는 남해무역은 아랍-페르시아 상인들의 수중에 있었다고 보여진다.

두 해상세력의 상권 경계는 중국 동남부 국제항구인 양저우였던 것으로 보인다. 놀랍게도 양저우에는 드물게 아랍 상인들의 자치거주지역인 번방과 신라인들의 행정자치구역인 신라소가 이웃해 있었다. 무역을 위해 험난한 바닷길을 뚫고 당도한 양주에서 아랍 상인들이 바로 이웃의 구매력이 있는 국제도시 경주를 놓칠 리가 없었을 것이다. 그리고 양저우에는 아랍인들에게 경주에 대한 가장 정확한 상품정보를 제공할 신라인들이 바로 이웃하고 있었다. 따라서 양저우를 중심으로 한 중국 동남부 무역항에서 또는 무슬림들의 직접적인 한반도 방문으로 광범위한 물물교환이 이루어졌던 것으로 보인다.

9세기 중엽, 아부 자이드(Abu Zayid), 슐레이만 알-타지르(Sulaiman Al-Tajir) 같은 아랍 여행자들이 남긴 기록에 의하면, 876년의 "황소의 난" 기간 중 중국 동남부 해안지대에서만 10만명 이상의 외국인이 살상되었다고 한다. 그 수가 다소 과장되었다 해도 당시 그곳에 정착해 있던 외국인의 절대다수가 아랍-페르시아 상인들이었다는 사실에 비추어 무슬림들의 수적 규모를 쉽게 짐작할 수 있다.

서아시아인 아라비아 일대에서 해로를 통해 많은 아랍상인과 해상세력들이 중국을 거쳐 한반도로 본격적으로 진출하는 시기는 9세기 중반이후 통일신라시대였다. 장보고의 해상세력이 몰락하면서 동북아 경제권에 대한 헤게모니가 혼란에 빠진 시기와 거의 일치한다. 그러나 두 아시아 문화권의 접촉은 일회성이거나 우연의 일치라기보다는 치밀한 계획과 광범위한 상호탐색을 통해 맺어진 필연적인 결과였다. 예비적인 상호이해와 교류의 장은 중국이었다. 아랍-페르시아 상인들이 머물던 중국 동남부 해안은 한반도의 지척에 있다. 오랜 항해 끝에 중국에 터를 잡은 그들이 또 다른 황금시장인 신라를 놓칠 리가 없었다. 아랍 사료에 보이는 신라에 대한 무수한 기록이 이를 잘 말해준다.

1980년 오만 정부는 고대 바다의 실크로드를 재현하기 위해 당시와 똑같은 범선을 제작하여 걸프 해의 중요한 출항지였던 소하르에서 출발하여 중국의 광주까지 실제로 항해 시험을 한 적이 있었다. 165일만에 건조된 27m길이의 옛 범선은 1981년 1월에 무스카트를 떠나 다음해 7월 11일에 중국 광저우항에 도착했다. 6개월에 9656km를 달린 바다의 대장정이었다. 그것보다 더욱 놀라운 사실은 소하르라 명명되어진 이 범선이 옛 기록에 거의 정확하게 부합하는 항해를 했다는 사실이었다. 오만인들을 주축으로 한 고대 아랍인들의 항해기술과 바다에 대한 정확한 정보가 사실로 입증된 셈이다. 역시 10년이 지난 1990년 11월에는 오만 술탄(국왕)의 개인 탐사선인 풀크 알 살라마(Fulk al-Salama)가 유네스코의 해상 실크로드 조사를 위해 베니스에서 우리나라의 부산항까지 고대 교역로를 따라가며 조사를 실시한 적이 있었다. 필자도 한국 대표로 승선한 이 탐사에서 고대 항해코스와 교역품, 해류나 항해술 조사를 통해 바다의 실크로드가 거의 완벽하게 복원되었다.

4. 교류 물품과 문화교류

이런 길들을 통해 실크로드가 개척된 기원 전후 시기부터 서역의 진귀한 물품은 물론 생활에 혁명을 가져온 음식, 종자, 과일, 야채 등 새로운 삶의 동반자들이 대거 유입되고 개량되었다. 한대(漢代)에 이미 페르시아산 포도와 석류가 중앙아시아에 알려져 재배되었고, 파, 마늘, 참깨, 홍화(紅花:잇꽃), 수박, 참외, 오이 등은 물론 러시아 남부와 카프카스 지역에서 목숙(苜蓿)이라 불리는 말의 사료로 인기가 높던 개자리가 소개되어 재배되었다. 이들 산물은 서역에서 왔다 하여 대부분 '호(胡)'라는 접두어를 붙였다. 호도(胡桃), 호마(胡麻), 호과(胡瓜), 호두(胡豆) 등이 대표적이다. 음식재료가 오면 음식문화도 당연히 함께 오는 법이다. 특히 설탕을 만드는 제당법과 술을 빚는 다양한 방식들도 서역에서 중앙아시아로 다시 중국과 한반도로 전해졌다. 설탕은 인도에서 유래되었는데, 아랍 상인들에 의해 전세계로 확산되면서 설탕의 아랍어 명칭 'sukkar'가 영어 'sugar'로 되었다. 포도 주산지인 고창이나 페르가나 지방의 포도주 제조법이 중국에 소개되고 페르시아 양주법도 전해져 당나라 시기 장안에는 호점(胡店)에서 서역주인 호주(胡酒)가 유행했다고 전한다.

이처럼 중국을 중심으로 하는 한반도와 서아시아와의 관계는 이슬람 이전 교류의 연장선이라 할 수 있다. 더욱이 이슬람 이전 실크로드 길목을 차지하고 있던 사산조 페르시아가 동아시아에 전해 준 문화적 파급효과는 지대한 것이었다. 메디아 왕조와 아케메네스 제국이 이룩한 오리엔트의 문화적 축적을 고스란히 보존한 사산조는 4-6세기경 매우 성숙된 문화를 향유하고 있었다. 풍성하고 다채로운 예술사적 영향은 물론 당시 로마제국의 박해를 받았던 네스토리우스 기독교조차 포용하여 동아시아로 전해줌으로써 기독교 진리가 퍼져나가는 역할을 담당했다. 이 시기, 사산조 페르시아를 통한 유리제품과 카펫류가 신라에 도입되는 것도 이런 맥락에서 이해할 수 있다. 후일 이슬람 세력에 의해 사산조 페르시아가 멸망하자 많은 정치적 망명자들이 동아시아로 피신한 정치적 사실이나 아랍기록에 이란 지방의 알리의 추종자들인 알라위[1] 의 존재가 보이는 것도 연구해 보아야할 중요한 대목이다.

서아시아-중앙아시아-중국 사이에 벌어지는 대규모의 실크로드 교역과 문화적 접촉은 당연히 한반도에까지 그 파고가 미쳤다. 조선 초기까지도 한반도는 바깥 문명에 열려있었고 외부 문물을 받아들여

---

1 알라위(Alawi): 이슬람의 4대 칼리프인 알리를 추종하는 무리를 일컫는다. 일반적으로 순니파에 대별되는 시아파를 지칭하기도 한다.

자기화하는 비교적 단단한 자기 용광로를 갖고 있었기 때문이다. 고대 이래로 한국은 지정학적 입장이나 이념적, 문화적 영향 때문에 중국과의 접촉이 주가 되었지만, 중국과 동북아 일원에서의 정치 패권의 판도에 따라서는 이 지역에 새로운 지배자로 등장했던 투르크, 몽골, 만주족 같은 북방민족과도 폭넓은 교류를 가져왔다. 물론 삼국통일 이전에도 한민족과 북방민족과의 부분적인 직접 접촉이 있어 왔던 것은 사실이다. 고구려는 6~7세기경 접경하고 있던 돌궐과 빈번한 접촉을 가졌는데 일시 돌궐의 공격으로 양국 관계가 악화되기도 했지만, 사신을 돌궐의 카간(王)에게 파견하여 수(隋)에 공동 대항하는 전략을 모색하기도 했다. 더욱이 돌궐비문에는 고구려와의 충돌 사실과 함께 돌궐 카간의 장례식에 고구려에서도 조문사절이 당도했음을 알리는 기사가 남아있다. 또한 옛 사마르칸트국의 아프라시압 도성터 벽화에 입조(入朝)하는 각국 사절단 그림 중 황색 예복과 바지(袴)를 입고, 조우관(鳥羽冠)을 쓴 두 사람의 사신 모습이 고구려 사신일 가능성이 높다는 발굴 보고서가 발표된 바 있다. 고구려 벽화를 미술사와 동서문화교류 측면에서 분석한 권영필, 전호태, 최광식 등은 벽화의 표현기법, 인물상, 특히 팔메트 문양, 벽 모서리 부분의 역사형(力士形) 괴수(怪獸), 옷주름의 표현 등으로 미루어 보아 고구려가 남북조 및 내륙 아시아, 서아시아 등의 문화적 영향을 받았음을 밝히고 있다[2] .

시대가 흐를수록 문화교류의 파고는 동북아 일원에 제한되지 않았

2 전호태,고구려 고분벽화의 세계(서울대 출판부,2004), 273~279 쪽/ 권영필 외, 중앙아시아 속의 고구려인 발자취(동북아 역사재단. 2007) 32~33, 109~115쪽 참조

고, 이슬람이 계시되는 610년경인 삼국시대 후반에는 교역권이 서역을 지나 아랍 문화권까지 확산되었다. 이러한 경향은 중국을 통한 서역 문물의 유입과 보급이 활발했던 통일신라 전성기에 더욱 뚜렷이 나타났다. 통일의 안정 기조 속에 안주한 신라의 귀족층은 문무왕(文武王 : 661~681)을 전후하여 당나라 번성기의 문물 섭취에 더욱 적극적인 자세를 보였다.

그들은 세계 각지에서 몰려든 장안(長安)의 교역품을 수입하여 사치와 향락생활을 구가했다. 이러한 과정에서 대식, 페르시아 상인에 의한 서역 특산물이 신라 상층부는 물론 일반 백성에까지 널리 애용되었다. 이리하여 당시 신라 수도 금성(金城)은 풍요로운 장안 생활을 모방하려는 신라 귀족들의 사치풍조 만연과 무분별한 수입개방으로 외래품이 범람하여 오염된 도시문화를 그래도 반영하고 있다. 신라 사회에서의 이러한 과소비와 무절제한 고가 수입품의 확산은 급기야 흥덕왕(興德王) 9년(834년)에 이르러 수입 사치품을 금하고 풍속을 바로잡는 법령의 공포를 자초하였다[3].

……사치와 호화를 일삼는 백성들은 진귀한 외래품만을 선호하고 토산품을 배척하니, 문란하고 풍속이 파괴되기에 이르렀다. 하여 법령으로 이를

---

3 개인적인 연구소견으로는 이 정도 수입물품이 범람하여 국가경제가 파탄 지경이 될 정도였다면 콘스탄티노플, 알렉산드리아, 바그다드 등지에서 장거리 직접 교역의 결과라기보다는 동아시아 국제교역 거점인 광저우에서 국제교역상들이 장인들을 데려다가 현지공장을 운영하면서 현지 대량생산으로 주변국 수출을 했을 가능성이 있다고 보고 이에 관한 광저우 지방지 기록도 보인다. 향후 연구과제다.

시정하고자 하니, 어기는 자는 법에 따른 징계를 면치 못하리라.[4]

구체적인 사치 물품으로는 향료, 에메랄드 종류인 슬슬, 귀한 모직품 등에 대한 사용 제한규정을 발효했다. 금령에 따르면 진골은 타고 다니는 수레에 육두품에서 백성까지는 가마와 침상에 향료인 동남아시아산 자단과 서아시아산 침향을 쓸 수 없도록 했다[5] .

이로 미루어 외래품이 신라 사회에 얼마나 광범위하게 사용되고 있었는지를 짐작할 수 있다.

왕비의 묘로 추정되는 황남대총 북묘에서는 수많은 장신구와 희귀한 부장품들이 쏟아져 나왔는데, 그 중의 쉽게 이해가 되지 않는 특이한 유물 한 점이 있다. 바로 그릇처럼 생긴 은제잔이다. 5-6세기 것으로 확인된 은제잔은 타출기법으로 표면에 양각된 역동적인 동물 문양으로 잘 알려져 있는데 다른 면에는 한 여인이 조각되어 있다. 학계의 분석으로는 아나히타(Anahita) 여신상이라는 견해가 가장 강한데, 실제로 이란 국립 박물관 등에 있는 동 시대 은제 제품에 양각된 아나히타 여신상과 매우 유사하다. 아나히타는 고대 이란 신화의 가장 중요한 여신으로 풍요와 전쟁, 농경을 관장하던 신이다. 지금도 이란에는 사산조 페르시아 시대 축조된 아나히타 신전이 산재해 있을 정도로 고대 신상의 중심인물이었다. 국가의 정신적 통합에서 가장 중요한 역할을 하는 여신이 조각된 그릇이나 도구는 일반 교역품으로 보기는 어렵다.

---

4 『삼국사기』, 권 33

5 정수일, 한국 속의 세계(상), 222~223쪽

최고위층의 신앙의례나 국가적 통치 상징으로 사용되었을 가능성이 높다. 이는 신라 왕실과 사산조 페르시아 사이에 어떤 형태의 접촉과 교류가 있었다는 것을 시사해 준다.

이와 관련하여 또 다른 미스터리는 1973년 계림로 14호묘에서 출토된 보물 제 635호로 지정된 황금보검이다. 길이 36cm의 황금보검은 6세기 초기 것으로 추정되는데, 너무나 정교하고 화려한 예술성을 보여준다. 보검에는 금공예의 다양한 기법이 동원되었는데, 누금 세공기술은 물론 당시 우리나라에서는 잘 알려져 있지 않던 칼집의 소용돌이 문양, 검 주위를 가싸고 있는 그리스형 파도형 무늬, 뼈대를 구성하는 월계수 잎 문양 등이 보이고 석류석으로 보석감옥까지 한 것이 세계 최고의 기량과 가치를 보여주고 있다. 그리스-로마 문화권 왕이나 왕족들이 사용하던 것으로 보인다. 이런 류의 황금보검은 소그디아나 지방이나 카자흐스탄 보로보에 지역 출토품에서 유사품이 나타나고, 위구르 지역의 쿠차 주변 키질 고분(69호) 벽화에 묘사된 검과 일치하는 것으로 신라와 서아시아, 더 멀리 동유럽과 페르시아 지역과의 교류를 강력하게 시사해 준다.

그 외 서역과의 교류를 짐작케 하는 석조물로는 감은사 부도 사천왕상의 사자 두상을 들 수 있다. 통일신라 시대인 7세기의 유물은 사자상은 헤라클레스의 사자 두상과 비교될 수 있는데 실크로드를 통한 문화교류의 결과로 보인다. 또한 경주박물관에 있는 통일신라 시대 입수쌍조문(立樹雙鳥文) 석조유물과 황룡사 목탑지 사리공에서 발견된 화수대금문금구(花樹對禽文金具)도 실크로드 교류와 밀접한 관련을 가진 의미있는 유물이다. 나무를 가운데 두고 좌우에 두 마리의 새를 대칭시킨 후 둥금 테두리를 연꽃 장식으로 조각한 유물들이다. 이러한 모티프와 조각 기법은 사산조 페르시아 시대에 속하는 전형적인 양식으로 잘 알려져 있다.(정수일, 2005: 224; 이희수, 2012: 72~95)

5. 고려말 조선초 한반도의 이슬람 문화

바다를 통한 문화의 흡수와 전파는 13세기 중엽 몽골제국의 등장으로 퇴조하고 육상 실크로드라는 매력적인 문화전파로가 활성화된다. 일반적으로 경제적 코스트 면에서는 육상보다는 바닷길이 훨씬 경제적이다. 복잡한 정치환경 때문이었다. 여러 나라로 쪼개져 분열되어 있는 경우에 육로는 위험할 뿐만 아니라 여러 나라를 거치면서 부담하는 통행료와 세금의 증대로 제대로 수지를 맞추기가 어렵다. 몽골제국은 이러한 걸림돌을 일시에 제거해 주었다. 고려에서 헝가리까지 단 하나의 통행증으로 최대 속도[6]로 실크로드 교역로를 달려갈 수 있게 된 것이다.

칭기스칸의 몽골은 복속 당한 주변 민족들에게는 더할 수 없는 재앙이었지만, 인류 문명의 전파와 과학의 발전이라는 측면에서는 놀라운 자극의 계기였다. 예나 지금이나 인류의 삶을 한 단계씩 높이는 계

6 칭기스칸의 기병 행군속도가 1일 최대 134km였다니 당시 실크로드 교역과 문화전파는 우리의 상상 이상으로 빨랐으며, 역참과 보급루트가 안정적으로 확보된 상태에서 실크로드 교역도 크게 활성화되었다.

기는 불행히도 '전쟁'과 '교역'이 주된 역할을 해왔지 않은가. 몽골의 간섭을 받은 고려사회에서도 이미 세계를 호흡하고 끌어안고 있는 몽골제국의 흐름을 그대로 받아들였다. 아마 지금 우리의 전통문화로 굳어진 많은 요소들이 몽골지배라는 시대적 아픔의 결과인 것이 적지 않을 것이다. 과학과 첨단의술의 도입, 역법과 학문의 성숙, 의식주를 망라한 다양한 습속과 문화의 도입 등이 이루어졌다. 소주만 해도 그렇다. 소주는 당시 '아라기'라 불렸는데, 아랍 증류주 '알 아락'의 음역이다. 증류주의 대명사인 소주는 재미있게도 술을 철저히 금하는 아랍 사회가 만들어 낸 문화적 유산이다. 연금술로 대표되는 아랍의 수준 높은 과학실험의 결과가 알코올 개념을 체계화시키고 실용화시킬 수 있었던 것이다.

몽골을 통해 받아들인 선진 학문과 과학기술은 조선 초기까지도 맹위를 떨쳤다. 이슬람 역법을 빌어 우리식 음력을 창안하고, 수많은 과학기기의 발명과 정비에도 당시 세계 최고 수준의 이슬람 과학은 커다란 기여를 하게 된다. 문화 전파자 역할을 해왔던 위구르계 두뇌집단들이 고려말에서 조선 초까지도 집단촌을 형성하면서 우리 사회에 그들의 지식과 경륜을 쏟아 내었다. 세종 때의 학문과 과학의 르네상스는 이처럼 우연히 만들어진 것은 아니다. 이 분야도 이제 학계가 하나하나 새롭게 조망하면서 정리를 서두를 때다.

그런데 15세기 중반에 들기도 전에 이슬람 문화의 흔적은 점차 희미해져 간다. 1427년 세종의 외국문화 배척 칙령으로 급격한 동화가 강요되었기 때문이다. 국가 이데올로기로 받아들인 신유교주의가 강조되면서 세계관의 초점은 온통 중국이었다. 이즈음 이슬람권을 평정하고 새로운 세계의 패자로 떠오르는 오스만 제국과 그들과 투쟁하고 경쟁하면서 힘을 키워가던 유럽의 변화를 읽을 수가 없었다. 글로벌 마인드가 무뎌지면서 세계의 흐름의 놓친 결과는 후일 참담한 결과로 나타난다.

6. "신라정신(Silla Spirit)"의 부활

(1) 서아시아를 읽는 굴절의 코드 '석유' '건설' '테러'를 넘어 진정한 글로벌로

20세기에 와서 우리가 이슬람 세계를 만나게 되는 시점은 1970년대 초였다. 이미 우리 산업구조가 거의 완전한 석유 에너지 체제로 바뀌고 난 후였다. 지금도 원유의 70% 정도를 중동국가에서 수입하는 실정이다. 석유만인가. 넘치는 오일달러 경제의 덕택으로 중동 건설시장은 한국에서 새로운 기회의 땅이었다. 1970년대 초부터 연인원 100만 이상의 산업 전사들이 숨막히는 열사의 땅에서 땀과 인내를 외화와 맞바꾸었다. 1-2주일의 여행이 아니다. 2-3년간 현지에 뿌리를 내리고 살면서 중동을 보고 이슬람 문화를 익혔다. 보다 나은 삶을 그리며 사막에 고속도로를 깔고, 현대식 빌딩으로 황량한 사막의 신기루를 현실로 바꾸어 놓았다. 현대, 대우, 동아 같은 굵직한 건설회사들이 세계적인 재벌기업으로 도약한 벌판도 중동이었다. 그 결과 100억불 수출과 1인당 국민소득 1000불이라는 장밋빛 꿈이 1978년 말에 달성될 수 있었다. 우리의 경제 발전에 중동 시장은 중요한 견인역할을 했고, 지금도 해외 건설, 플랜트 수주의 약 70% 이상을 중동에 의존하고 있다.

중동 전역은 가전, IT, 자동차에서 시장 점유율 1위를 달리고 한류열풍으로 한국에 대한 관심과 사랑이 폭발하고 있다.

그럼에도 우리에게 중동은 온통 부정적인 이미지로 가득하다. 시대착오적인 민족들이 석유 팔아 거드름 피우면서 부인을 넷이나 거느리고 돈을 흥청망청 쓰고 다니는 전형적인 졸부쯤으로 여긴다. 동시에 중동은 낭만과 환상 속에 아득한 먼 나라의 이야기로만 들린다. 아라비안나이트를 통해 접한 표피적 문화의 편견 때문이다. "알리바바와 40인의 도적", "알라딘의 요술 램프", "하늘을 날으는 양탄자"가 중동의 문화 코드로 우리 사회 깊숙이 우리의 인식을 지배하고 있다. 상품이나 식당 이름에서 서점 상호로, 영화 제목에서 최근에는 미국의 이라크 침공 작전명에 이르기까지 다양하게 우리의 인식에 영향을 미치고 있다. 미국은 1991년 이라크를 공격하면서 융단폭격(Carpet Bombing)이란 용어를 사용했다. 방공망이 마비된 상태에서 24시간 밤낮을 가리지 않고 퍼붓는 폭탄 투하를 '하늘을 날으는 양탄자'를 연상시키는 융단폭격이란 낭만적인 이미지 처리를 했다. 하늘을 뒤덮듯이 떨어지는 가공할 대량살상무기의 투하, 그로 인한 수많은 민간인 학살을 전쟁 게임 즐기듯이 우리도 아무 의식없이 융단 폭격이란 용어에 익숙한 경험은 없는가?

석유에 국가경제의 운명을 걸고 있으면서도, 너무나 도도하고 건방지게 산유국을 대했다. 석유를 직접 산유국에서 가져오기보다는 미국을 중심으로 하는 석유 메이저들을 통해 들어오는 관계로, 우리가 산유국을 대하는 태도는 메이저의 그것과 조금도 다르지 않았고, 미국인들이 생각하고 조작해 놓은 아랍의 이미지를 우리도 판에 박은 듯이 그대로 받아들였다. 미국문화 가치들이 가져다 준 난치병의 후유증을 심하게 앓고 있는 셈이다. 이제 중동과 서아시아를 정치-경제적 이해관계, 그것도 지극히 미국 중심으로 왜곡된 현실의 축이 아니라, 우리와의 깊은 역사성과 문화적 교류로 살펴보고자 한다. 그래서 편견과 고정관념으로 버리고 가는 세계가 아니라 새로운 역사적 사실과 사료의 발굴과 재해석으로 함께 하는 협력적 파트너로 다시 보게 되기를 기대한다.

제2장

이슬람 세계와 신라[1]

정 진 한 (단국대학교 GCC 국가연구소 연구원)

세계인의 4분의 1은 이슬람을 믿고 있고, 그들은 당연히 과거부터 지금까지 세계 곳곳에 영향을 미친다. 한국인의 절반 이상은 종교를 가지지 않지만, 전 세계인의 절반은 기독교나 이슬람을 믿는다. 이슬람은 종교의 이름이라 '이슬람 교'라는 말은 오류다. 이슬람을 믿는 사람들을 우리는 '무슬림' 또는 한자식 표현으로 '회교도' 또는 '회회교도'라고 부른다. 무슬림들은 중세 내내 인도양을 주름잡으면서, 대서양에서부터 태평양까지의 세계무역의 중심 세력이었다. 동시에 이들은 상당기간 동안 아프로-유라시아 대륙 내부의 핵심 길잡이이자 무역상이었고 정복자였다.

1 본고는 본인의 "Creating the Medieval Islamic Geography by Using Korea," PhD diss., SOAS University of London, 2020의 일부를 수정·보완하여 집필함.

이슬람을 아랍이나 중동에 특정한 종교라고 생각한다면 이 종교와 우리와의 관련성, 특히 유구한 관계를 간과되기 쉽다. 하지만 아랍과 중동은 이슬람과 엄연히 다른 개념이다. 아랍 지역은 아랍어를 사용하는 아랍인들이 밀집한 곳이다. 서아시아 대부분과 대서양 남부의 북아프리카 해안가 및 나일강 중하류과 동아프리카 해안지역에 해당한다. 아랍인들 가운데는 무슬림들이 많지만 다수의 기독교도나 유대교도 및 소수의 다신교도와 종교를 갖지 않은 이들도 있다. 중동은 대체로 이집트에서 투르크메니스탄 사이의 지역에 해당하는 땅덩어리이다. 중동의 범위는 이를 정의 내리는 주체나 시대적 상황과 맥락에 따라 유동적이지만, 어떤 식으로 정의 내리더라도 중동지역은 공통적으로 아랍인, 페르시아인, 쿠르드인, 터키인 등 여러 언어 종족들과 다양한 종교를 믿는 사람들을 포함한다

반면 이슬람은 종교의 이름일 뿐 아니라 언어나 지역적 개념을 초월한 개념이다. 흔히 사람들은, 이슬람을 믿는 사람들 즉 무슬림들이 아랍 세계나 중동 지역에 가장 많다고 쉽게 생각한다. 하지만 무슬림 거주자의 인구수를 기준으로 하면 중동이나 아랍에는 이슬람 세계에서 상위 다섯 손가락 안에 드는 나라가 하나도 없다. 알려진 바처럼 세계에서 무슬림들이 가장 많은 나라는 동남아시아에 있는 인도네시아이다. 뒤이어 두 번째, 세 번째, 네 번째는 남아시아에 있는 파키스탄, 인도, 방글라데시이다. 그리고 다섯 번째 나라 역시 사하라 사막보다 남쪽에 있는 블랙 아프리카의 나이지리아이다. 구체적으로 무슬림들이 인구의 다수인 인도네시아, 파키스탄은 2억 이상의, 방글라데시에는 1억 5천만 이상의 무슬림들이 살고 있다. 인도의 경우에는 무슬림 인구가 총인구의 15% 정도에 불과하지만, 인도의 인구가 원체 많다 보

니 2억에 가까운 소수민족인 무슬림들이 있다. 나이지리아에서도 무슬림들은 인구의 절반을 살짝 상회하지만, 이들은 2억 나이지리아 인구의 절반인 1억을 넘어간다 1억이라는 숫자는 중동과 아랍에서 가장 무슬림들의 숫자가 많은 이집트의 총인구수와 비슷하지만, 이집트에는 약 1000만 명의 기독교도들이 있기에, 무슬림 신도는 9000만 명 내외로 한정되어 있다.

현재 이슬람 협력기구(OIC)에는 각각 이십여개로 구성된 아랍연맹 가입국이나 중동지역 국가들을 훌쩍 뛰어넘는 57개국이 가입되어 있다. 이들의 조상들은 한국에 관심이 많았고, 특히 신라에 관해서 수백 년 동안이나 지속적으로 굉장히 독특한 관심과 친밀감을 각종 글과 지도로 표했다.

가깝고도 멀었던 우리와 이슬람 세계

지금의 대한민국에서 볼 때 이슬람 세계는 불과 얼마 전부터 서로 교류하기 시작한 대상이지만, 사실 이슬람 세계는 역사적으로 아주 오랫동안 우리와 밀접한 관계를 맺어왔다. 일례로 신라에서 태어나 중국에서 불도를 닦던 혜초 스님을 들 수 있다. 그는 동아시아에서 인도로 불교를 배우거나, 불경을 수집하러 떠난 도축구법승(渡竺求法僧) 중에서는 매우 이례적으로, 당시의 불교 세계보다 훨씬 서쪽에 있는 이슬람 세계를 경험했다. 그리고 그는 이처럼 이색적인 여행 속 견문을 자신이 저술한 『왕오천축국전』에 남겼다. 먼저 중국에서 항해 길에 오른 혜초는 동남아시아를 돌아 인도에 상륙한 후 다시 육로로 현재의 이란을 거쳐 중국으로 돌아왔다. 또한 『왕오천축국전』의 유일한 필사본은 현재 실크로드의 상징적 명소 중의 하나인 돈황의 석굴에서 발굴되었다. 다시 이 필사본은 프랑스인에 의해 유럽으로 반출되었다가 우리의 요청으로 한국에도 전시되었다. 실로 유라시아 곳곳을 누빈 신라인의 이슬람 체험기다.

이슬람은 한국에 고구려, 백제, 신라가 통일 전쟁을 벌이던 서기 610년에 창시되었다. 이슬람 세계에서 찾아낸 백제에 관한 기록은 없지만 고구려라는 이름은 지금 현존하는 사료 중 한 군데에 등장한다. 하지만 이 기록은 고구려가 멸망하고 600년도 더 뒤에 편찬된 책, 아부 알-피다(Abu al-Fidā', 1273-1331)의 『국가들의 목록』(Taqwīm al-Buldān)에 등장한다. 그는 고려가 고구려라고도 불린다고 했다. 그 출처를 그보다 약 100년 정도 앞선 페르시아의 지리지라고 했는데, 이 책은 현존하지 않는다. 하지만 막상 그 내용은 고구려가 아닌 고려에 관한 이야기이다. 우리는 몇몇 이슬람 세계의 저자들이 고려에 관해 아주 길고 풍부한 설명을 한 예들을 볼 수 있다. 무슬림들이 고려에 관해서 본격적으로 기록한 것은 몽골인들이 중국에서부터 폴란드와 헝가리까지, 그리고 지금의 팔레스타인 자치령인 요르단 강 서안까지 진출한 이후부터이다. 이 당시 고려라는 이름은 모두 중국의 행정단위인 여러 성(省) 중 하나로 나오지만, 왕이 있음을 기록했다.

신라에 관한 이슬람 세계의 기록은 고려에 대한 서술보다 길이 면에서는 대체로 더 간략하지만 기록물의 편수가 압도적으로 더 많고 포괄하는 주제 및 장르는 훨씬 더 다양하다. 고려가 창건된 후 여러 차례에 걸쳐 대규모 무슬림 상단이 고려 땅을 직접 내방했음에도, 무슬림 저자들은 여전히 고려보다는 신라에 관한 기록을 작성한 것이다. 신라를 기록한 사료는 9세기 중반부터 16세기까지 꾸준히 등장한다. 지금까지 확인된 스물세 명의 저자들이 기록한 27편의 글과 지도들은 단 두건을 제외하면 모두 신라가 고려에 의해 대체된 935년 이후의 자료들이다. 무슬림들은 신라가 소멸하고 나서도 600여 년 동안을 신라에 관해 기록하였다. 이들 대부분은 신라 자체의 지리와 역사에 관해 언급하지만, 그 가운데 과반수는 신라에 정착한 무슬림들에 관해서도 이야기한다. 그들은 공통적으로 이슬람 세계에서 가장 멀리 떨어진 이 곳을 매우 친숙하게 묘사했다.

왜일까?

이슬람 세계가 생각한 신라와 중국

가장 먼저 신라에 관심을 가진 무슬림들은 중동과 중국을 주로 오가던 무역상들이었다. 이들은 계절풍이 방향을 바꿀 때마다 장거리 이동을 했기에 한번 동아시아에 오면 몇 달 이상을 머무르거나 아예 눌러앉았다. 많은 돈과 시간을 투자해서 여러 가지 위험이 도사리고 있는 이 항해를 성사시키기 위해 그들은 나름의 경험과 견문을 축적했다. 그리고 직접 들었던 해외에 관한 이야기들을 수집해서 그들의 경험기에 보탠 정보집을 엮었다. 그 가운데 가장 오래되고 가장 풍부한 내용을 담고 있는 책이 『중국과 인도에 관한 소식』(Akbar al-Sin wa-al-Hind)이다. 이 자료집을 엮은 술래이만이라는 상인은 항해와 무역에 도움이 될만한 자료들을 소개하면서 신라에 관해 알아두어야 할만한 내용들을 소개하였다.

그는 신라에 다녀온 적이 있는 동료들을 찾을 수가 없었다. 하지만 그가 활동하던 9세기 전반의 중국 국제항들은 당대 무슬림들의 동아시아 무역의 주무대였을 뿐 아니라, 한창 장보고 선단의 배들과 재당 신라인들의 활동이 왕성했던 무역거점이기도 했다. 따라서 이 곳의 무슬림들이 신라인을 만나거나 신라를 다녀온 이들을 통해서 신라에 관한 정보를 얻기는 어렵지 않았을 것이다. 그는 중국 항구에서 바다를 건너가면 신라가 나온다는 것과 신라인들의 피부색이 밝은 것, 그리고 신라에 하얀 매가 있다는 점을 특기하였다.

중국에서 국제무역을 하던 그는 중국과 다른 나라 사이의 외교 관계에 대한 언급은 하지 않았지만, 신라와 중국과의 관계는 아주 특별하게 소개하였다. 그는 신라인들은 중국의 주인(천자)과 선물을 주고받는다고 하면서, 이 조공이 멈추면 하늘에서 비가 내리지 않는다고 했다. 그가 집필한 851년 직전의 시기는 일본의 견당사가 실질적으로 뜸해지고 대신 청해진의 동아시아 중계무역 활동이 정점에 이르던 시기였다. 동아시아의 무역품을 거래하던 그는 자연스레 신라와 중국 사이의 특별한 관계에 관심을 가졌을 것이다. 중국과 인도의 사정에 밝았던 그는 아마도, 농경사회인 중국과 신라에 비가 내리지 않는 것이 얼마나 위험한 일인지 알았을 테다. 가뭄은 흉년과 기근을 초래할 뿐 아니라, 정권을 무너뜨리는 역성혁명의 주요 원인이기에, 양국의 지도자들은 하늘에 제사를 지내면서 비를 내려달라고 했다. 술래이만은 조공이 멈추면 하늘이 양국을 망하게 하고 백성들을 사지로 몰아넣으리라 생각할 정도로 한중관계를 중요시 여겼다. 이런 한중관계에 관한 인식은 후대에 무슬림이 만든 세계사에서도 드러난다.

무슬림들은 신라를 포함한 전 인류의 역사를 이슬람이라는 종교의 원리 속에서 이해하려 했다. 그들은 이슬람의 할아버지 뻘인 유대교와 아버지 텩인 기독교와 마찬가지로, 최초의 인류는 창조주(아랍어로 알라)에 의해 태어난 아담이라고 생각했다. 그리고 같은 지역에서 다른 시기에 탄생한 이 세 유일신 종교는 공통적으로 아담의 자손들이 대홍수에 의해 멸절되었으나 오로지 노아와 그의 세 아들들만이 생존하였고, 이들의 자손들에 의해 인류는 다시 번성할 수 있었다고 기억한다.

중세 이슬람 세계의 역사지리의 최고의 권위자 중 한 명인 '알-마수으디(896-956)'는 30년간 세계 방방곡곡을 주유했다. 다양한 세상을 직접 보고 그곳에서 만난 이들과 대화하면서 현지의 풍습과 더불어 현지인들이 인식하는 세계의 창조와 역사의 흐름에 관한 생각들을 습득했다. 그리고 수많은 이방의 역사와 지리를 이슬람의 역사관을 통해 재해석하여 그만의 독특한 이슬람의 세계지리사를 완성해 냈다. 그에 따르면 '노아'의 아들들인 셈과 함과 야벳은 각자의 방향을 따라 흩어졌다. 그 가운데 아시아의 동쪽에 사는 이들은 모두 노아의 셋째 아들 '야벳(Yaphet)'의 자식인 '고머(Jumar 또는 Gomer)'의 자손들이라고 했다. 그는 세상에 총 일곱 종류의 민족들이 사는데, 그들은 과거 민족별로 하나의 왕을 모시고 모두 같은 언어를 사용했지만, 세월이 흐르면서 개개 민족들이 여러 개의 언어와 정치 세력으로 분화되었다는 이론을 제시하였다.

예를 들어 인도 아대륙의 서북쪽에 흐르는 인더스 강 유역의 사람들과 동북쪽에 흐르는 갠지스 강 유역의 사람들은 본디 하나의 왕을 믿고 하나의 언어를 쓰던 하나의 민족이라고 간주하면서 이들을 '여섯 번째 민족'으로 정의했다. 마찬가지로 그는 '중국과 신라'가 본디 같은 왕을 모시며 같은 언어를 쓰는 '일곱 번째 민족'에서 유래했다고 보았다. 그가 보기에는 아마도 같은 문자로 소통하고, 생김새가 비슷하며, 정치 경제 문화적으로 매우 밀접했기에, 다른 유사한 집단들처럼 중국과 신라 역시 본디 같은 민족일 수 있으리라 생각했을 것이다. 그럼에도 그는 신라와 중국이 현재는 언어가 다르고 모시는 군주도 다르다는 것 역시 정확하게 인지하고 있었다.

이슬람 세계가 생각한 신라의 위치

초기의 이슬람 기록들은 신라가 단지 중국에서 바다 건너에 있다고 기록하고 있다. 조금 더 자세한 기록들은 신라가 중국의 가장 마지막 항구 내지는 가장 높이 위치한 항구의 맞은 편에 있다고 언급하였다. 무슬림들이 인도양에서 중국으로 온 항로를 따라가 보면 중국의 마지막 항구는 현재의 중국 양쯔강 입구 언저리에 해당한다.

하지만 후대의 기록들은 자꾸만 신라를 적도 근처로 끌어들였다. 세계 최초로 신라에게 위도와 경도를 부여한 알-비루니(973-105년 이후)는 신라가 동경 170도 북위 5도에 위치한다고 하였다. 왜 이렇게 위도를 낮게 잡았는지는 그가 부여한 다른 중국 항구의 위도들을 통해 유추할 수 있다. 그는 해안선을 따라 점점 북동쪽으로 상승하는 광저우, 취

앤저우, 항저우의 위치를 점점 남동쪽으로 내려가는 것으로 기록하였고, 마지막으로 신라를 항저우에서 한참 남서쪽에 있다고 비정하였다.

이러한 중국의 해안선은 아주 오래전 멀리 그리스에 있는 고대 지리학자들의 동아시아 해안선에 관한 지리적 인식의 오류에서 기인한다. 이슬람 세계는 세계지리를 편찬하고 발전시키면서 우선적으로 당시 세계에서 가장 천문학과 지리학이 발달한 문명들로 손꼽히는 인도·그리스·페르시아의 방법론과 데이터 및 추상적 관념들을 대규모로 번역하여 도입했다. 그리고 이를 본인들의 경험과 전문(傳聞)과 비교 분석하여 업데이트를 하고, 최종적으로 이슬람적 세계관에 맞게 종합화해냈다. 이 과정에서 기존의 고대문명들은 다양한 형태로 이슬람 세계지리에 그 자취를 남겼다.

중세 이슬람 세계지리에서 가장 강력한 영향력을 발휘한 이는 2세기 이집트 알렉산드리아에 살았던 그리스 과학자 프톨레미이다. 그는 선대의 지리 지식을 여러모로 발전시켰음에도 불구하고, 후대인들에게 세계지리에 관한 몇몇 오해, 특히 인도양의 형태에 대관 인식에 결정적인 오류를 초래했다. 그는 선학들이 대부분 알고 있던 사실, 즉 인도양은 대양(아메리카 대륙의 존재를 몰랐던 당시에는 태평양과 대서양을 합친 개념)과 연결되어 있음을 받아들이지 않고, 인도양이 내륙으로 막혀있는 호수와 같은 형태라고 상정했다. 실제 아프리카 대륙은 북쪽이 동서로 넓다가 남쪽으로 내려가면서 점점 동서로 좁아지는 역삼각형 형태이지만, 프톨레미의 지도 속 아프리카의 동쪽 해안선은 적도 부근에서 동쪽으로 크게 휘어, 지금의 동남아시아 위치까지 길게 뻗어있다. 그리고 그의 아프리카 동쪽 끝은 당시 중국의 가장 남쪽 영토였던 현재의 베트남

남부와 이어져 있다.

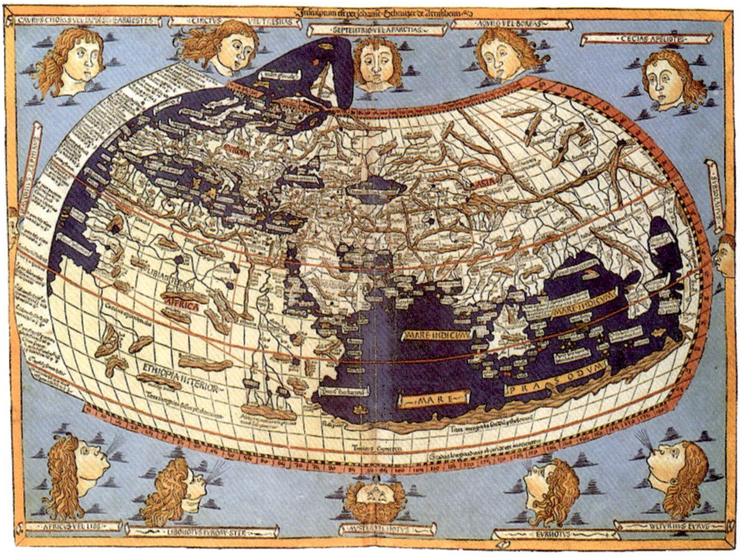

<프톨레미의 세계지도>[2]

프톨레미의 이러한 아프리카-중국 연결 인식은 그의 지리서를 저본으로 개량한 중세 이슬람 지리에 막대한 영향을 주었다. 이슬람의 지리 전통을 가장 단순하게 나눈다면 두 가지 방식을 꼽을 수 있다. 먼저 페르시아식의 지리 구분은 세계의 중앙에 하나의 기준점을 설정하고 이곳에서 각 방향으로 뻗어 나가는 노정을 따라 각 구역의 크기와

2 https://upload.wikimedia.org/wikipedia/commons/f/f0/Claudius_Ptolemy-_The_World.jpg

형태가 정했다. 이 전통을 기반으로 하는 지리에서는 프톨레미의 인도양 인식에서 볼 수 있는 형태의 왜곡과 오류가 나타나지 않는다. 반면 각 지점의 낮 길이를 측정한 값을 기준으로 위도를 설정하는 그리스 방식을 따르는 이슬람 지리의 경우에는 프톨레미의 한계를 상당히 극복했음에도 근본적으로 프톨레미의 인도양 인식에 크게 영향을 받았다. 즉, 이 계통의 무슬림 지리학자들은 아프리카 대륙이 인도양을 따라 아시아 대륙의 남안과 평행하게 마주하고 있다는 프톨레미의 인식을 답습했다.

물론 대다수의 무슬림 지리학자들은 프톨레미의 인식과 같이 중국과 아프리카가 붙어있다는 것에는 동의하지 않았다. 하지만 이들은 여전히 가보지 못한 미지의 아프리카 대륙의 동쪽 해안이 인도양을 따라 동쪽으로 길게 뻗어 동남아시아의 해안과 평행하고 있다고 여겼고, 이 해안선의 끝은 중국과 거의 평행하고 있다고 간주했다. 그리고 그들은 광저우(廣州)에서 실제로는 동북 방향으로 나아가는 중국의 해안선을 그 반대 방향인 동남쪽으로 향한다고 보았다. 따라서 취안저우(泉州)보다 훨씬 동북방에 있는 항저우(杭州) 역시 중국에서 가장 남동쪽에 있다고 보았고, 양쯔강 삼각주는 중국 해안의 동남쪽 끄트머리에 위치한다고 보았다. 따라서 역사속에서 양쯔강 삼각주를 오가던 신라는, 무슬림들의 지리속에서 광저우에서 항저우까지 남동방향으로 흐르는 중국의 남쪽 해안선의 진행 방향을 따라, 중국의 동남부 모서리인 양자강 하류에서 바다 건너 남동향에 위치한다고 설정하였다.

<알-이드리시(1100-1165)의 세계지도>[3]

이러한 지리 인식은 후대의 무슬림들이 신라를 인식하는 데 있어 상당한 오해를 가중시켰다. 대표적으로 원숭이에 관한 인식을 들 수

3 https://upload.wikimedia.org/wikipedia/commons/e/e5/Al-Idrisi-s_world_map.jpg

있다. 초기 무슬림들의 신라에 관한 기록에는 황금이 많다는 기록은 있지만 원숭이에 관한 언급이 일절 없다. 대신 그 당시 동남아시아의 와끄와끄 섬(어느 특정 섬으로 비정할 수 없는 섬)에 관해서는 "그곳에는 금이 너무 풍부해서 사람들은 개 줄과 원숭이 머리테를 황금으로 만든다."라고 기록했다. 하지만 후대의 기록에서 이 동남아시아의 섬은 아프리카로 넘어가고, 지리적으로 아프리카와 매우 가까워진 신라는 어느새 동남아시아의 섬처럼 개 줄과 원숭이 머리테를 황금으로 사용하는 곳으로 탈바꿈해 있다. 그리고 신라의 위치는 더 후대인들에 의해 다른 이유들로 점점 더 남하하여 어느새 적도 위에 위치하기도 한다.

이슬람 세계가 생각한 신라에 사는 무슬림

상인들의 기록을 제외하고 가장 최초로 신라에 관한 기록을 남긴 이는 이븐 쿠르다지바(-912 경)다. 그는 압바스 조의 우편국장으로서 칼리파를 위한 통신과 국가 정보 관리의 총책임자였다. 이븐 쿠르다지바는 할아버지 때 중앙아시아의 코라산 지방에서 이주해서 이슬람으로 개종한 조로아스터교 집안이었다. 할아버지와 아버지가 지방행정과 동방무역에 종사하였기에 일찍이 그는 중앙아시아와 동아시아에 관한 소식을 수집하는 데 유리하였다. 그는 매우 다양한 집필을 했는데 그의 저작 중에는 제국의 조세와 안보 등의 행정을 관리하기 위한 행정지리서 『제(諸)도로와 제(諸)왕국지』도 있었다. 이 이슬람 세계 최초의 행정지리서는 통치에 필요한 제국 내의 순례와 우편 체계 등을 정리하였을 뿐 아니라 칼리파에게 유용한 전 세계의 인문과 자연지리 지식을 총망라한 일종의 핸드북이었다. 이 책에서 그는 신라가 (무슬림들에게)

마지막 항구인 중국의 항저우의 건너편에 자리하였다는 것과, 신라 땅에는 산과 황금이 많고 (반역으로 인해 왕을 참칭하는) 왕들이 많다고 소개하였다. 그리고 특이하게도 그는 신라 땅에 들어온 모든 무슬림들은 신라가 쾌적하다는 이유만으로 자발적으로 정착하고는 다시는 나가지 않는다고 두 차례에 걸쳐 강조하였다.

이븐 쿠르다지바의 신라에 관한 인식이 후대 무슬림들에게 끼친 영향은 매우 강력하여, 그 보다 후대에 집필된 스무 편이 넘는 이슬람 세계의 기록 대부분은 다소의 가감이 있지만, 그의 서술을 기반으로 하고 있다. 이들 중 일부는 이 내용을 축약하거나 선별 취사했지만, 나머지는 이를 더욱 구체화하고 확장하였으며 그중에는 이를 매우 과장된 수준까지 발전시킨 경우도 있었다. 예를 들어 13세기 과학과 아랍인의 계보에 관한 글을 남긴 페르시아 작가 알-까즈위니(1203-1283)는 "신라의 땅에 물을 뿌리면 용연향이 난다." 라고까지 하였다.

하지만 머나먼 이국땅, 그것도 무슬림들 전원이 다른 일신교인 기독교나 유대교보다 하등하게 보는 당시 다신교도들의 나라 신라에서, 단지 물과 공기 따위의 자연이 쾌적하고 황금이 많이 나며 사람들이 친절하다는 이유만으로 정착했다는 것은 믿기 어렵다. 더구나 고향은 커녕 가까운 중국 땅에 있는 무슬림 형제들과의 연락을 완전히 끊는다는 것도 언뜻 문자 그대로 받아들이기 어렵다. 더구나 이렇듯 훌륭한 생활여건이 있다고 인식된 지역들은 이슬람 세계지리 속 여러 곳에서 발견되지만, 신라처럼 무슬림들이 집단적으로 귀향을 포기했다는 곳은 찾아볼 수 없다. 그렇다면 우리는 이러한 이슬람 기록에서 등장한 재(在)신라 무슬림 교포에 관한 인식을 어떻게 이해할 수 있을까?

이븐 쿠르다지바는 앞서 상인 술래이만의 기록과 비슷한 시기인 848년에 그 초고를 마친다. 하지만 이후로 40여 년간 여러 번의 편집을 거쳤고, 우리에게 남은 잔존본은 후대의 편집본으로 추정된다. 이 시기는 술래이만의 기록을 본인의 저술과 묶어서 편찬한 다른 여행가 알-시라피(916년경 사망)가 생생하게 기록했듯, 중국 내에 거주 중이던 무슬림들을 포함한 서아시아인들의 대량학살이 이뤄진 시점과 일치한다. 당나라 말기였던 당시의 중국은 연이은 반란으로 혼란스러웠고, 결정적으로 877년 광저우를 휩쓴 황소의 난으로부터 외국인들을 지켜주지 못하였다. 이 사건을 전후로 무슬림들은 대(對)동아시아 무역의 본거지를 중국에서 동남아시아로 옮기게 된다.

중국을 휩쓴 조로아스터교도, 기독교도, 유대교도, 무슬림들에 대한 대학살의 소식을 접한 신라의 무슬림들은 신라를 떠나고 싶어도 그러기 어려웠을 것이다. 당시 신라는 육로로는 발해, 바다로는 중국을 반드시 통과해야 다른 세상으로 나갈 수 있었다. 대부분이 바다를 통해 중국을 거쳐 신라로 온 무슬림들은, 대혼란을 겪고 있던 중국으로 돌아가기보다는 신라에 체류하는 편이 더 낫기에 자발적으로 신라를 떠날 이유가 없었을 것이다. 마찬가지로 외지의 무슬림들 역시 소식이 끊긴 신라의 무슬림들이 자발적으로 돌아오지 않음을 알았고, 이것이 이슬람 세계가 기억하는 신라로 간 무슬림에 관한 마지막 지식이 된다.

동남아시아로 철수한 무슬림들은 송나라(960-1279)가 중국 내의 혼란을 걷고 다시 무슬림들을 맞이할 채비를 갖춘 후에야 중국으로 돌아왔다. 하지만 그사이 신라는 없어졌고, 그 자리엔 새로운 왕조인 고려가 들어섰다. 이후 무슬림들은 고려에 관한 새로운 지식을 수집하지만, 신라에 관해서는 그들의 마지막 기억을 되뇌이면서 편편이 수집한 먼 옛날의 신라와 그 안의 무슬림들에 관한 이야기를 덧붙인다.

아이러니하게도 정보의 유입이 이런 식으로 단절된 것이 신라를 중세 내내 이슬람 세계 전역에서 환상적인 브랜드로 성장시켰고 동시에 신라가 무슬림에게 우호적이라는 인식을 굳건하게 만들었다. 신라에 들어간 무슬림들이 행복에 겨워 안착했다는 인식은 신라가 멸망한 뒤로도 수백 년간이나 지속된다. 마지막까지 신라는 무슬림에게 세상에서 가장 자연이 풍요롭고 물산이 넘치며 인심이 넉넉한 지상 낙원이었다. 그러기에 역사 속에서 신라는 사라졌지만, 이슬람 세계의 기억 속에서 신라는 그후로도 수백년간이나 더 건재했고, 그 속에 사는 무슬림들 역시 수백 년을 더 행복하게 지낼 수 있었다.

유라시아 문명교류사로 본 신라와 실크로드

박 천 수(경북대학교 고고인류학과 교수, 실크로드조사연구센터장)

Ⅰ. 머리말

실크로드는 고대 이래 유라시아 문명을 이어 온 동서 교통로이며, 북방의 초원길, 중앙의 사막길, 남방 바닷길로 구분된다. 초원로는 북방 유라시아의 초원을 횡단하여 스텝로라고도 불린다. 사막길은 중앙아시아의 사막에 연한 오아시스를 횡단하여 오아시스길이라고도 부른다. 바닷길은 유라시아 남쪽 바다를 왕래하여 남해로라고도 불린다.

20세기 초 열강에 의해 시작된 실크로드 연구는 일본에서 꽃을 피웠다. 21세기 중국에서는 일대일로(一帶一路) 정책으로 실크로드가 가장 중요한 중장기 발전전략으로 자리 잡았다. 이는 개혁개방 이후 40여

년에 걸친 중국의 실크로드에 대한 관심과 축적된 인문학적 연구성과가 정책으로 구현된 것이며 오랜 기간 꾸준히 이를 지원한 중국 정부의 치밀한 노력의 결과물이다. 한편 국내에서는 장기적인 계획으로 인문학의 입장에 기초한 의제를 설정하고 실크로드에 대한 연구가 구체적으로 시도된 적이 없다(김장구 2019).

중국 학계에서는 실크로드의 동단은 중국에서 그치는 것으로 인식하고 있고, 한반도는 문명의 교통로인 실크로드와 연결되지 않는 변경으로 취급하고 있다. 이는 한반도는 중국 문명에서 종속적인 위치였다는 인식에 바탕을 두고 있다. 이는 실크로드가 고대와 중세에 황하유역과 장강유역에서 시작되어 인도, 중앙아시아, 서아시아를 거쳐 북아프리카와 유럽을 연결하던, 비단 무역을 매개로 한 문화 교류의 길로 인식하는 것(林梅春 2020:15)에서도 잘 알 수 있다. 또한 일본학계에서는 사막길이 시안(西安)에서 하카다(博多), 해로는 닝보(寧波)에서 하카다로로 바로 연결되는 것으로, 즉 일본이야말로 실크로드 간선의 동단이라 주장한다. 이는 중국을 통해 일본이 문명화를 이루었으며 한반도는 그저 육교에 불과하다는 이른바 한반도 패싱론에 의거한 것이다.

본고에서는 특히 유라시아 실크로드 출토 유물의 이입경로와 그 역사적 배경을 통한 문명교류사에 대하여 접근하고자 한다. 나아가 초원길, 사막길, 바닷길 전역을 관통하는 유라시아 문명교류사를 조망하는 가운데 신라와 실크로드의 관계에 대해 살펴보고자 한다.

226년 이란 고원을 지배하였던 파르티아 왕국을 멸망시키고 크테시폰(Ctesipon)에 도읍을 정한 사산조페르시아가 서아시아의 패자로 새롭게 대두한다. 한편 동아시아에서는 진(秦)과 한(漢), 수(隋)와 당(唐) 사이의 분열의 시대인 위진남북조시대가 도래한다. 이 시기 사막길은 사산조 페르시아 지배 영역을 통과해야 했기에 양국 간에 무역과 왕래가 성행하였다. 더욱이 페르시아는 인더스강 유역에 진출하여 종래 로마를 대신하여 인도양의 제해권과 무역을 장악한다. 페르시아는 남조 양무제가 530년과 535에 사절을 건강에 파견하여 부처의 치아 등을 전하였다. 양직공도에도 파사국 사신이 보인다. 이 페르시아로부터의 사절은 해로를 통하여 인도양을 거쳐 중국의 강남에 도달하였다(羅宗眞 2005:222). 페르시아는 중국의 양잠, 제사 기술을 입수하기 위해 사절을 북위의 평성, 낙양, 서위의 장안에 파견하였으며, 북위도 페르시아로 사절을 보냈다.

당시 페르시아의 활동을 보여주는 것은 그 화폐인 은화이다. 이는 페르시아 은화는 사막길을 따라 우즈베키스탄 카라테파(Karatepe)유적, 신강의 오흡현교장(烏恰縣窖藏), 투르판 고창고성(吐魯番高昌古城), 섬서성 서안시 하가촌교장(何家村窖藏), 영하회족자치구 고원수사물묘(固原 隋史勿墓), 하북싱 정현(定縣) 탑기 사리함 등에서 출토되었다. 바닷길에서는 스리랑카의 아누라다푸라(Anuradhapur)를 비롯하여, 태국의 나콘 시 담마랏(Nakhon Si Thammrat)에서 5세기 후반 피루즈1세(Peroz)의 페르시아 은화가 확인(辛島昇 2000:24)되었으며, 광동성 수계현 남조교장(遂溪縣 南朝窖藏)에서

20점, 광동성 영덕현 함광(英德縣 浛洸) 남조묘에서 4점, 곡강현 남화사 남조묘에서 6점 이상이 출토되었다.

특히 수계현 남조교장에서는 페르시아 은화 20점을 비롯하여 명문이 있는 페르시아계 십이곡대부은완(十二曲臺附銀盌)이 출토되었다. 이 명문은 우즈베키스탄의 사마르칸트 교외에서 출토된 은제 용기의 아람어 명문과 일치한다고 한다. 아람문자는 페르시아에서는 소그디아나와 호라산지방에서 사용되었다(李慶新 2018:70-74). 영덕(英德)과 곡강(曲江)은 중원과 강남을 연결하는 수로상에 위치하며, 수계현은 통킹만에 인접하며 해남도(海南島)를 통과하는 바닷길의 요충이다. 수계현 남조교장의 은접시와 20점의 페르시아 은화를 통해 볼 때 이미 한대 말에 교지군(交趾郡)에 정착한 소그드인이 영남지역에서 페르시아와 남조의 교역에 종사한 것을 알 수 있다.

사산조페르시아에서는 유리를 냉각시킨 후 돌과 같은 상태에서 가공하여 유리기를 제작하였다. 특히 표면에 균일한 원 문양을 커트하거나 돌출시킨 장식 유리기가 활발히 제작되었다. 사산조의 유리는 실크로드를 통한 원격지 교역에 의해 유라시아 각지에 전해져 고급 제품으로 인정받았다. 북조의 경우 신강 위리현 영반묘지 N9호묘, 영하회족자치구 이현(李賢) 묘에서 은도금호병(銀鍍金胡甁), 청금석상감지륜(青金石象嵌指輪), 유리기 등의 페르시아 문물이 출토된 것으로 봐서 사산조 페르시아 유리기가 사막길을 경유했음을 알 수 있다. 은도금호병은 트로이전쟁의 발단이 된 그리스 신화의 세 장면을 묘사한 것으로 에프탈(Ephtalite)계로 보고 있다(이송란 2016: 318-319). 유리기는 동부를 2단으로 나누어 상단 8개, 하단 6개, 저부에 1개의 돌출 원문을 절삭하여 시문한 것으로, 커트기법과 기형으로 볼 때 전형적인 사산조 페르시아산이다.

5세기 전반까지 북위의 수도였던 산시성 평성(大同)의 남쪽에 위치하는 대동남교북위고분군 가운데 M107호묘는 중형묘에 속하며 유리기와 도금인물문은기 등이 출토되었다. 유리기는 동부를 4단으로 나누어 종장타원형문을 구갑상으로 배치하고, 저부는 중앙의 대형 원문을 중심으로 그 주위에 동일한 6개의 원문을 시문한 것으로, 절자(切子) 기법, 기형으로 볼 때 전형적인 사산조 페르시아산으로 판명되었다. 이 고분에서는 에프탈제로 보는 도금은제 인물문배(이송란 2016:320-321)가 공반되었으며, M109호묘에서도 출토되었다. 대동시 북위 봉화돌묘(封和突墓, 504)에서는 전형적인 사산조 은그릇인 수렵문반(狩獵文盤)이 부장되었다.

481년 북위 때 건립된 하북성 정현 화탑지(定縣 華塔址)에서는 유리병, 유리사발, 페르시아 은화, 산호, 진주, 금제 귀고리(金製垂飾附耳飾) 등이 출토되었다. 은화는 야즈데게르드2세(Yazdegerd 438~457) 5점, 야르데게르드2세식(Yazdegerd) 에프탈(Ephtalite)화 1점, 피루즈(Peroz 459~484) 37점으로 구성되어있다. 7점의 유리기는 북위에서 페르시아의 영향에 의해 제작된 것이다. 따라서 이 시기 사막길을 통한 사산조 페르시아 문물의 수입 주체가 북위임을 알 수 있다.[그림1]

[그림1] 4-6세기 유라시아의 페르시아 유리기와 은화 분포

한편 강소성 남경시 상산7호왕씨묘 2점, 구용시 춘성 송묘 1점, 강소성 남경시 북개산 1점의 사산조 페르시아산 절자무늬(切子文) 잔은 해로상의 사산조 은화 출토 예와 비교해 볼 때, 앞서 언급한 해로를 통하여 남조로 이입된 것으로 본다. 그런데 이 시기에도 광동성 조경시 평석강동진묘, 호북성 악성육조묘, 남경시 부귀산M4호묘 출토품과 같은 로마 유리기가 이입된다. 로마 유리기는 동진(東晉) 시기까지 이입되며 남조시기에는 사산조 유리기가 이입된다. 이는 수계현 남조교장(遂溪縣 南朝窖藏)에서 출토된 페르시아 은화의 구성이 샤푸르3세(Shapur 383~388) 3점, 야즈데게르드2세(Yazdegerd 438~457) 5점, 피루즈1세(Peroz 459~484)인 점에서도 알 수 있다. 양무제 천감2년(503) 중천축 왕 굴다(屈多)가 파견한 사절이 건강(建康)에 도착하여 유리타호(瑠璃唾壺), 각향(刻香) 등을 바쳤다는 기록이 보인다.

한편 5세기 신라의 적석목곽분에는 화려한 금관을 비롯한 황금 장신구와 로마 유리기가 다수 부장되었다. 초원길의 통나무로 목곽을 이중으로 조립하고 그 위에 적석한 파지리크 고분군 등의 적석목곽분은 경주 고분의 구조와 유사하여, 신라 묘제의 기원이 유라시아 초원지대에 있음을 알 수 있다. 신라의 적석목곽분과 황금문화에 대해서는 기마민족의 이주로 보는 견해와 자생적인 발생으로 보는 견해가 있다. 필자는 신라의 적석목곽분에 대하여 313년 낙랑 멸망 이후 고구려를 통하여 유라시아 기마민족문화와 접하게 된 신라의 선택적인 수용의 결과로 본다. 황금제품과 로마 유리기도 이와 함께 수용한 것으로 생각한다. 같은 시기 남조와 교섭한 백제와는 다른 선택의 결과이다.

[그림2] 러시아 호흐라치(Khokhlach) 쿠르간 출토 금관(上),
중국 서하자(西河子) 출토 금관(下左)과 경주 서봉총 출토 금관(下右)

신라의 능묘역인 대릉원고분군에서는 금관이 6점 출토되었다. 신라의 금관은 나뭇가지 모양과 사슴뿔 모양 입식으로 장식한 것이 특징이며, 특히 서봉총에서는 관 중앙의 나뭇가지 위에 3마리의 새가 앉아 있는 모습을 형상화하였다. 이는 신성한 나무(聖樹), 신성한 짐승(聖獸), 신성한 새(聖鳥) 신앙이 결합된 것으로 북방 기마민족의 신앙과 관련하여 주목된다.[그림2]

러시아 알타이 산록에 위치하는 BC5-4세기에 축조된 파지리크(Pazyryk) 고분군의 5호분에서는 4.5×6.5m의 펠트제 벽걸이가 출토되었다. 이 벽걸이에는 의자에 앉은 인물과 말을 탄 인물이 마주보는 장면이 반복적으로 표현되어있다. 의자에 앉은 인물은 긴 드레스를 입고 수염이 없어 여성이며, 손에 들고 있는 나무에는 튤립형의 꽃과 석류와 같은 과실, 끝이 뾰족한 창모양의 잎이 붙어있다. 서아시아 미술에서는 이와 같은 나무는 생명수 또는 세계수, 우주수로 보며 그것을 들고 옥좌에 앉아 있는 인물은 여신으로 보고 있다. 한편 말을 타고 있는 인물은 곱슬머리에 높은 코, 긴 수염을 기른 얼굴에 목에는 물방울 문양의 스카프를 두르고 군복과 같은 상의와 폭이 좁은 바지를 입고 있다. 허리띠에는 스키타이형의 활과 화살을 넣은 화살통을 걸치고 있다. 여신의 앞에 선 인물은 지상의 왕으로, 이 벽걸이는 여신이 왕에게 권력을 주는 왕권신수의 장면을 표현한 것으로 해석된다. 초원기마민족의 신성한 나무 신앙이 페르시아의 왕권신수설과 결합하여 신성한 나무가 왕권의 상징으로 발전한 것이다. 생명수를 가진 여신이 지상의 왕에게 왕권을 수여하는 신앙을 가진 세력은 이 고분군을 축조한 흉노가 발흥하기 이전 서역 일대까지 지배하였던 사기『史記』에 보이는 월지(月氏)로 보고 있다(林俊雄 2018:49-51).

같은 시기 카자흐스탄의 천산 산록에 위치한 이식(Issyk) 쿠르간에서는 4천여 점의 금제 유물과 인골이 출토되었다. 피장자는 금으로 수놓은 예복과 금제 조각과 장식판으로 꾸민 고깔 모자를 착용한 채로 발견되었다. 고깔 모자는 이란의 페르세폴리스 궁전 벽화와 비슈툰 비문에서 보이는 것으로, 그 축조 세력은 천산산록을 중심으로 거주한 사카(Saka)족이다. 그런데 이 모자 측면에 붙인 금제 장식이 산, 나무, 새로서 새가 산의 나무 위에 앉아 있는 형상을 하고 있어 주목된다. 왜냐하면 신라 서봉총 금관의 새가 앉아 있는 장식과 유사하기 때문이다.

러시아 돈강 하구 노보체르카스크(Novocherkassk)의 호흐라치(Khokhlach) 쿠르간 출토 금제관은 대관(帶冠) 위의 신성한 나무를 중심으로 사슴뿔이 마주 보는 의장(意匠)의 입식이 있다. 이 금관은 대관의 정면 중앙에는 수정으로 조각한 그리스 여성상을 배치하고 그 조각상의 머리 위와 좌우에는 횡타원형의 석류석을 감입하였으며, 그 주위를 금제 맹금(猛禽)상과 횡타원형의 각종 색유리판으로 장식하였다. 이 관은 파손되었으나 원래는 여성의 머리 위 가지에 보요가 달린 높은 신성한 나무를 세우고 이를 중심으로 같은 높이의 나무를 6개 배치하였으며, 그 사이 관의 정면에는 마주보는 사슴 4마리를 장식한 것으로 복원된다. 좌우에는 염소 2, 새 4마리를 배치하였다. 이 관은 1-2세기 사르마타이(Sarmatai)의 것으로 보고 있다. 내몽골 포두시 송무기 서하자(包頭市 送茂旗 西河子) 출토 모용선비(慕容鮮卑)의 금제 보요관(步搖冠)은 사슴과 그 뿔을 형상화한 것으로, 사슴뿔과 보요는 신라 금관에 영향을 준 것으로 보인다.

이상으로 볼 때 신라 금관의 신성한 나무(聖樹), 신성한 짐승(聖獸), 신성한 새(聖鳥)는 초원 기마민족의 왕권신수 신앙과 관련된 것을 알 수 있다. 더욱이 신라의 금제 관을 비롯하여 경식(頸飾), 대식(帶飾), 완식(腕飾), 식리(飾履) 등으로 신체를 황금으로 장식하여 매장하는 장제(葬制)는 중원이 아닌 카자흐스탄의 사카(Saka)의 이식(Issyk) 쿠르간 등에 보이며, 신체를 황금으로 장식하는 것은 초원 기마민족의 전통적인 습속인 점에서 주목된다.[그림3]

[그림3] 카자흐스탄의 이식(Issyk) 쿠르간 출토 황금인간(左)과 신라 황금 장신구(右)

이와 관련하여 문무왕비에 신라왕계를 흉노의 왕자인 김일제의 후손으로 칭하는 것이 이와 연관되어 흥미롭다. 또 시안에서 발견된 9세기 대당고김씨부인묘명(大唐故金氏夫人墓銘)에도 이와 관련한 기사가 보여 오랫동안 신라인들의 시조 전승으로 남아있었음을 알 수 있다. 이는 신라왕실은 왕계를 신성화하기 위해 기마민족의 후예임을 자칭하고 있는 것으로, 4세기에 도입된 그 문화의 도입 배경을 이해할 수 있기 때문이다.

5세기에는 로마 유리기가 신라에 다수 이입된다. 유리기는 경주시 계림로14호묘 출토 황금보검과 신라고분에서 주로 출토되는 그물무늬 잔이 카자흐스탄 북부의 초원지대인 보르보에(Borovoe)호수 주변과 카라 아가치(Kara-agachi)에서 출토되는 것에서 시리아 일대에서 제작되어 흑해연안을 거쳤을 가능성이 크다. 이는 흑해연안 케르치(Kerch)지역 등에서 반점무늬 유리잔, 봉수병 등이 집중적으로 출토되는 점에서도 방증된다. 신라고분에서는 그물무늬 잔이 황남대총남분, 서봉총에서 출토되었다. 이 그물무늬 잔이 독일 쾰른, 카자흐스탄 아가치(Kara-agachi) 쿠르칸 출토품, 키르기스스탄 잘-아릭(Djal-Aryk)쿠르칸 출토품, 중국 하북성 경현(景縣)의 조씨묘(祖氏墓)에서 보이는 점에서 초원길을 경유한 것을 알 수 있다. 이와 관련하여 요녕성 북표현(北票縣) 북연(北燕)의 왕족인 풍소불(馮素弗) 묘에서 로마 유리기 5점이 출토되어 주목된다. 북연의 건국자인 풍발(馮跋)이 유연과 통혼하고 거란, 고막해(庫莫奚)를 복속시키고 교역한 것(堀敏一 2008: 194)으로 볼 때, 풍소불묘의 로마 유리기는 몽골을 경유하는 초원길을 통하여 이입된 것을 알 수 있다.

1,2 Italia Roma 3,4 Italia Pompeii 5 Egypt 6 Syria Palmyra tombC 7–11 Syria 12 Ukrane Druzoe 13 Ukrane Neisatz 14 Russia Krasnodar Ust–Labinsk, necropolis No2tomb90 15 England 16 Denmark 17 Germany Cologne Luxembourg street 18 Germany Cologne Jacob street 19 Kazakhstan Karagachi 20 新疆 尼雅N8遺址 21 Kyrgyzstan Ketmen–tobe Djal–Aryk古墳 22 新疆 且末縣 札滚魯克1號墓址M49號墓 23 Mongolia Arhangay Golmod2 匈奴墓 24 河南省 洛陽市 東郊後漢墓 25–28 遼寧省 北票県 馮素佛墓 29 河北省 景県 祖氏墓 30 河北省 景縣 封魔奴墓 31 慶州市 月城路가13號墓 32 慶州市 瑞鳳塚 33–37 慶州市 皇南大塚 南墳 38 慶州市 天馬塚 39 慶州市 金冠塚 40 慶州市 皇南大塚 北墳 41 慶州市 安溪里4號墳 42,43 慶州市 金鈴塚 44 陝川郡 玉田M1號墳 45,46 奈良縣 新澤126號墳 47 江蘇省 句容縣 春城 劉宋墓 48 湖北省 鄂城六朝墓 49 南陽市 南陽大學25號墓 50 廣東省 肇慶市 坪石崗東晉墓 51,54 廣西 合浦 文昌塔M70號 52 廣西 合浦 紅嶺頭M34號墓 53 廣西 合浦 黃泥崗M1號墓 55 廣西 貴縣 南斗村漢墓 56,57India Arikamedu 58,59 India Pattanam 60–64 Afganistan Begram 65 Europe

[그림 4] 1~5세기 유라시아의 로마유리기 분포

그런데 신라고분 출토 로마 유리기는 초원길을 통하여 이입된 것으로 보고 있으나 그 이입 경로와 주체에 대해서는 구체적으로 밝혀지지 않았다. 필자는 기원 원년을 전후한 시기부터 흑해 연안에 로마 유리기가 집중 이입되고 사르마타이(Sarmatai)와 흉노와의 교섭에 의해 로마 유리기가 몽골에 이입된 것에서 4-5세기에도 역시 흑해연안을 경유한 것으로 본다.

후한서『後漢書』 서역전에는 123년경 북흉노의 호연왕이 항상 바르쿨(蒲類), 흑해(秦海) 사이를 전전하며 서역 여러 나라들을 제압하고 약탈했다는 기록이 보인다. 2세기 전반 북흉노 세력은 천산 북방에서 카자흐스탄 초원에 걸쳐 넓게 분포하였다. 북흉노가 최종적으로 일리강 계곡을 떠나 흑해 방면으로 이주한 것은 2세기 중반으로 추정된다. 따라서 훈(Hun)족은 북흉노에 기원하였으며 375년경부터 알란족과 고트족을 밀어내기 시작했고 5세기에는 아틸라의 지휘하에 동로마는 물론 서로마 제국까지 크게 위협했다(金浩東 2016:159). 신라에 로마 유리기가 이입되는 4-5세기는 훈족이 흑해 연안의 동서지역을 장악한 시기이다.

후술하는 카자흐스탄의 카라 아가치(Kara-Agachi) 쿠르간에서 로마 유리기와 함께 경주시 계림로14호묘 출토 황금보검과 같이 석류석을 감입하고 누금기법이 동일한 은제 수륜(首輪)장식이 공반된 점이 매우 주목된다. 계림로14호묘 출토 황금보검에는 금, 은, 동을 사용하여 구획하고 그 안에 보석과 유리를 감입하는 클루아조네(cloisonne)기법이 사용되었다. 이 기법은 이집트에서 발달하였고 주변지역으로 전파되었다. 계림로14호묘 출토품에 보이는 석류석과 같은 붉은색 보석을 감입하는 이 기법은 동로마에서 유래된 것으로 보고 있다(윤상덕 2010:245). 이

[그림5] 5세기 전후 초원길 상의 훈족 장신구와 로마 유리기의 분포

와 함께 계림로14호묘 출토 보검에는 외연과 문양의 주위를 장식하는 누금기법이 보인다. 필자는 계림로14호묘 출토 보검의 누금기법이 흑해 연안의 그리스계 공인에 의해 제작된 BC4-5세기 스키타이 금제품에 보이는 것에서, 계림로14호묘 출토 황금보검을 비롯한 금제품은 훈(Hun)족이 양자를 결합하여 제작한 것으로 본다. 이러한 금제품은 서쪽으로는 헝가리, 루마니아로부터 흑해 연안에 집중적으로 분포하며 동쪽으로는 천산산맥 일대를 거쳐 신라에 이입된 것이다. 황남대총 북분 출토 금제 누금 상감 팔찌도 보석을 상감하고 그 주위를 누금으로 돌리고, 여백을 삼각형의 누금으로 장식한 점에서 훈족의 금공 기법에 의해 제작된 것으로 본다.

카자흐스탄의 카라 아가치(Kara-Agachi) 쿠르간 출토 유리잔은 황남대총 남분 출토품과 같은 제작기법으로 판단된다.[그림5] 이 로마 유리기는 담녹색으로 두께가 얇고, 주둥이는 감색의 유리대를 덧붙이고, 윗부분에는 주둥이와 같은 색조의 1줄의 굵은 띠를 파상으로 붙여 돌린 것으로, 아랫부분에는 잔의 몸통과 같은 색조의 유리대를 3줄을 파상으로 교차하게 돌려 붙여 그물무늬로 장식하고, 바닥부분은 원형의 속이 찬 유리봉을 원형으로 말아 붙여 만들었다. 이 고분 출토품은 굽다리가 부착된 점을 제외하고 차이가 보이지 않는 점에서 황남대총 남분 출토품과 흡사하다. 굽다리는 천마총, 금관총 출토품과 형태가 같다. 게다가 카라 아가치(Kara-Agachi)쿠르칸의 북방에 위치하는 보로보에(Borovoe)호수 주변에서 경주시 계림로14호묘 황금보검과 석류석을 감입한 누금기법이 동일한 황금보검이 출토되었다.

이 시기 중원의 황제묘와 귀족묘에서도 다수의 유리기를 부장한 예가 없는데, 풍소불묘에서 5점이 부장된 것은 신라고분의 부장양상과 매우 유사하다. 그래서 신라고분의 유리기 부장은 적석목곽분, 금제 장신구와 같이 북방유목민족들의 습속을 계승한 것으로, 동아시아의 다른 지역에서는 유례를 찾기 어렵다. 그래서 신라의 로마유리기는 북연=고구려를 통해 이입된 것으로 본다. 이는 김해 대성동91호묘에서 유리기가 전연(前燕)의 마구와 청동용기가 함께 부장된 것에서도 알 수 있다. 그 이입 경로는 흑해를 경유하여 키르기스스탄 잘-아릭(Djal-Aryk) 고분 출토품 - 하북성 경현 조씨묘로 연결되는 천산북로를 통과하는 경로와 함께 흑해-카자흐스탄의 카라 아가치(Kara-Agachi) 훈족묘-몽골 초원-요녕성 북표현 풍소불묘로 연결되는 초원길이 상정된다. 이 가운데 로마 유리기가 몽골 골모드(Golmod)2 흉노묘로 볼 때 이미 1세기대에 초원길을 경유한 점, 풍소불묘와 부장 양상이 유사하고 그 출토품이 유연을 경유한 것으로 볼 때 후자가 더 성행한 것으로 보인다. 게다가 위서 『魏書』 거란전(契丹傳)에 479년 고구려와 유연의 연합 기사가 보이는 것에서도 그러하다. 따라서 신라왕릉에 부장된 로마 유리기는 훈(Hun)-유연-고구려를 통하여 이입된 것으로 판단된다[그림6].

다음으로 일본열도 출토 로마 유리기의 이입경로와 역사적 배경에 대해 살펴보겠다. 5세기 중엽에 조영된 나라현 니이자와(新澤)126호묘에서는 절자문완(切子文盌)과 감색 접시가 금제 장신구와 함께 출토되었다. 금제(金製), 관식(冠飾), 수식부이식(垂飾附耳飾), 가락지는 같은 형식이 경주의 황남대총에서 출토되었다. 당시 일본열도의 소형묘에서 이러한 화려한 문물이 부장된 예를 찾아볼 수 없고, 유리기를 2점 부장한 점에서 126호분의 묘주는 신라로부터의 왕족급 이주민으로 파악된다. 같은 시기 일본열도의 최대 규모 왕릉인 오사카부(大阪府) 다이센(大仙)

(傳仁德陵)고분 전방부에서는 금장갑주(金裝甲冑)와 함께 백색접시, 감색단지가 출토되었다. 이 고분 출토 유리기는 신라를 경유한 것으로 추정된다. 이는 신라산 장신구가 공반된 니이자와(新澤)126호분과 색조는 다르나 기종구성이 동일하며, 이 시기 왜와 같이 남조에 사신을 보낸 백제에서는 유리기를 찾아볼 수 없으나, 신라에서는 4세기 후엽 경주시 월성로가13호묘에서 이미 출현하고, 같은 시기에 해당하는 경주시 황남대총 남분에서는 다수의 유리기가 부장되기 때문이다.

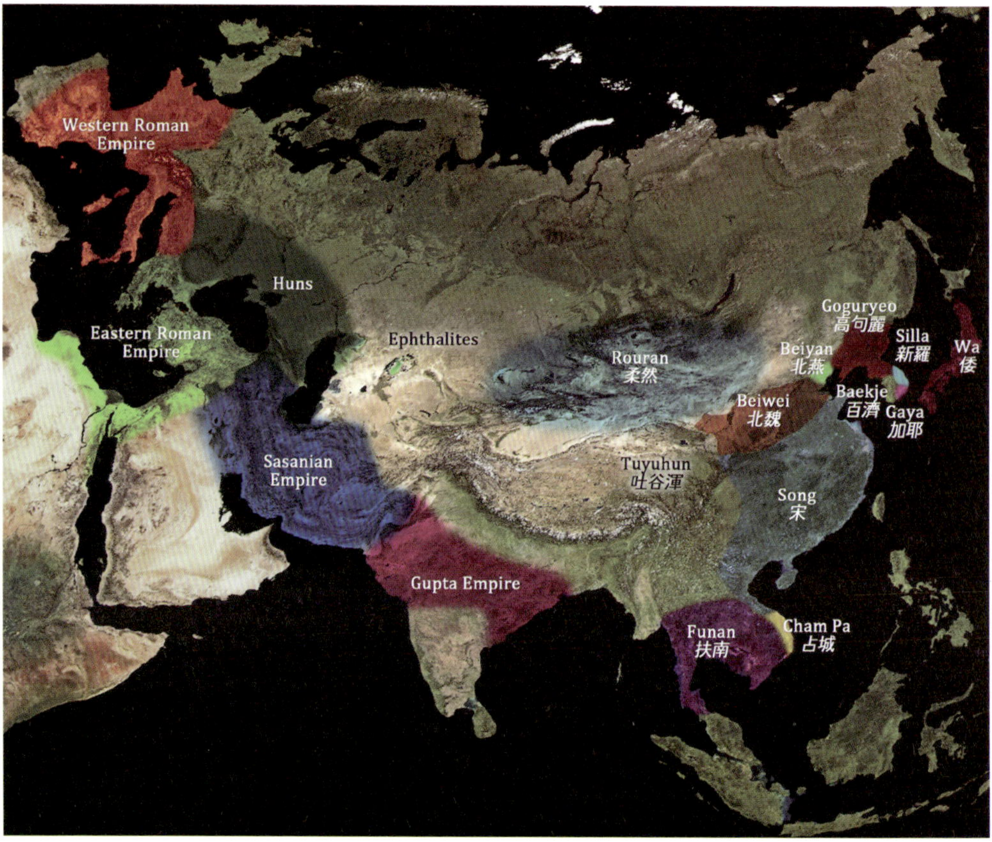

[그림6] 5세기 전후 유라시아 정세도

이 고분 출토 금장갑주도 보요 등의 제작기법으로 볼 때 신라공인에 의해 제작되었으며, 더욱이 주목되는 것은 유리기가 발견된 전방부는 후원부의 주피장자와 관련된 배총인 점에서 주피장자 공간인 후원부에는 다수의 유리기가 부장되었을 가능성이 크다. 비슷한 사례로 대릉원고분군에서 왕릉인 황남대총남분에서는 8점이 부장되고 배총에서는 2점이 부장된 것을 들 수 있다. 나아가 후루이치(古市)고분군의 안칸릉(安閑陵)고분에서 절자무늬 잔이 출토된 점에서 5세기 일본열도의 왕릉인 모즈(百舌鳥), 후루이치(古市)고분군에 다수의 신라를 경유한 유리기가 부장된 것으로 추정할 수 있다.

5세기 전반 왜가 가장 필요했던 금제품, 철제품과 로마 유리기를 포함한 서역문물을 보유한 가장 가까운 나라는 신라였다. 일본서기『日本書紀』 인교기(允恭紀)에는 가야, 백제와의 교섭기사가 전혀 보이지 않고 신라와의 교섭기사만이 보여 매우 주목된다. 즉 그 3년조 신라로의 사신 파견, 신라로부터의 의사 파견, 42년조 신라로부터 조문단 파견 기사는 당시 신라와 왜의 상당히 우호적인 관계를 반영하는 것이다.

오사카부(大阪府) 다이센(大仙) (傳仁德陵)고분의 피장자는 그 연대가 5세기 중엽이며 신라를 경유한 로마 유리기가 부장된 점, 문헌사료로 볼 때 닌토쿠(仁德)으로 볼 수 없고 인교(允恭)으로 비정된다. 고고자료와 문헌사료가 일치하는 일본의 왕릉인 다이센(大仙)고분에서 신라를 경유한 유리기가 출토된 것은 신라와 왜 왕권간의 지접적인 정치적 교섭을 상징하는 것이다.

그런데 돌연 경주시 황남대총 북분에 구연부를 마연하여 편평하게 하고 기면과 바닥 전체에 걸쳐 원문을 절삭하여 시문한 사산조 페르시아 유리기인 절자무늬 잔 1점이 부장되어 주목된다. 왜냐하면 이 유리기는 유연을 경유한 로마 유리기와 달리 북위를 통하여 이입된 것이기 때문이다. 고구려 장수왕은 북위와 매우 밀접한 관계였으며 북위의 수도였던 대동(大同)에서 사산조페르시아 유리기가 다수 출토되는 점으로 볼 때 양자의 교섭으로 이입된 것으로 본다. 이렇듯 황남대총 북분 출토 절자무늬 잔은 5세기 후엽 전후 유라시아 정세를 반영한다. 나아가 신라에 이입된 유리기의 산지와 경로에 변화가 있었던 것을 보여 준다.

필자는 이 시기를 전후하여 신라에 로마 유리기 대신 페르시아 유리기가 이입되는 것으로 본다. 그런데 5세기 말-6세기 초에도 대릉원 고분군에는 로마 유리기가 부장된다. 이 문제와 관련하여 주목하는 것은 5세기 중엽에 축조된 합천군 옥전M1호분 출토 반점무늬 유리잔이다. 이 고분 출토 완은 5세기 말로 편년되는 경주 금령총 출토 2점과 동일한 형식이다. 그래서 합천군 옥전M1호분의 피장자가 이를 입수한 5세기 전엽에는 반점무늬 잔이 이미 신라에 이입되어 이후 5세기 후엽까지 전세된 것을 알 수 있다. 신라에 로마 유리기가 집중 이입된 것은 5세기 전반이며, 이후 사산조페르시아 유리기가 이입된 것으로 추정된다.

그런데 5세기 후반 돌연 로마 유리기의 수입이 단절되고 사산조페르시아 유리기가 이를 대신하여 이입되는데, 이는 훈(Hun)제국의 붕괴와 관련이 있다고 본다. 453년 훈제국의 왕 아틸라(Attila)의 갑작스런 사망으로 훈(Hun)제국이 급속히 붕괴하면서 로마와 연계된 교역망도 쇠퇴한다. 이후 동로마제국에서도 로마 유리기가 지속적으로 제작되지만 신라에는 이입되지 않는데, 이는 훈(Hun)제국이 붕괴하고 이를 대신해 사산조페르시아가 유라시아 실크로드에서 대두했기 때문이다. 다만 현재로서는 6세기 전반 신라 고분에서 사산조페르시아 유리기가 확인되지 않는 문제점이 있는데, 이는 이 시기 왕묘를 포함한 왕족묘가 발굴되지 않는 것에 기인한다.

그런데 경주시 식리총, 인왕동C1호분, 쪽샘41호분 등 신라고분에 모자이크로 장식한 유리구슬이 부장되어 주목된다. 이 유리구슬은 단면이 동심원 모자이크 문양인 색조가 다른 유리봉을 잘라 바탕에 붙인 것으로, 이란 북부 카스피해 연안 출토품에 보이는 사산조 페르시아 유리구슬(道明三保子 1985: 183-184)의 계통이다. 식리총에는 연주귀갑문(連珠龜甲文)내에 쌍조를 배치한 문양을 가진 장식용 금동제 신발이 부장되었다. 거북등 무늬가 사산조 페르시아 유리기의 주된 문양인 점에서 알 수 있듯이 전형적인 페르시아 문양으로 보스턴미술관 소장 북위 석조 관상(棺床)의 것과 유사하다. 이는 페르시아의 영향을 받은 소그드인들에 의해 북위에 도입된 것으로 보이며, 당시의 페르시아문화가 신라에 도입된 것을 알 수 있게 한다.

그래서 필자는 6세기 신라에 사산조페르시아 유리기가 이입되었는지 확인되지 않았으나, 다음과 같은 일본열도 출토품에 주목하여 이 문제에 대해 논하고자 한다. 6세기 후반 후쿠오카현(福岡縣) 오키노시마(沖の島)7, 8호 유구에서는 금동제 신라산 마구가 다수 확인된다. 특히 8호 유구에서는 사산조 페르시아 유리기가 출토되었다. 종래 일본 연구자들은 중국과의 직접 교섭에 이입된 것으로 보았다. 그러나 오키노시마(沖の島)는 신라와 왜 간의 항로에 위치하고, 공반된 유물이 이 유리기 외는 모두 신라산인 점에서 신라를 경유한 것으로 판단된다. 이 유리기는 북조 이현부부묘 출토품과 유사한 점, 이 시기 왜는 중국에 가지 못하였으나 후술하는 바와 같이 신라가 북조에 사신을 파견한 점으로 볼 때 신라와 북조의 직접교섭에 의해 이입된 것으로 본다.

같은 시기 나라현 후지노키(藤ノ木)고분의 금동제 안장은 그 구조적 특징과 공반 마구로 볼 때 신라산이다. 이 안장의 문양은 거북등 무늬 내에 코끼리, 봉황, 용 등의 문양을 배치하고 있으며, 은행나무 잎에는 연주문 내에 쌍조를 배치하고 있다. 이러한 문양은 식리총 출토 장식용 신발의 문양과 유사하며 그 기원은 페르시아로 볼 수 있다. 그래서 이 시기 사산조페르시아 유리기는 아직 신라에서 확인되지 않으나 5세기 후엽의 황남대총 북분에서 이미 사산조페르시아 절자무늬 잔이 보이기 때문에 앞으로 6세기에 이입된 유리기가 경주에서 출토될 것으로 기대된다.

신라는 한강유역을 확보하고 다음과 같이 북조와 남조에 사신을 보냈다. 『삼국사기』 진흥왕25년(564) 북제에 사신을 보내 조공하였다. 더욱이 진흥왕26년(565) 북제의 무성제(武成帝)가 명령을 내려, 왕을 사지절동이교위낙랑공신라왕(使持節東夷校尉樂浪郡公新羅王)으로 삼았다. 『삼국사기』 진흥왕 26년(565) 진(陳)에서 사신 유사(劉思)와 승려 명관(明觀)을 통하여 불교 경론 1700여권을 보내왔다. 진흥왕28년(567), 31년(600), 32년(602) 진(陳)에 사신을 보냈으며, 진평왕 7년(585)에는 진(陳)에 승려를 파견하였다. 이처럼 6세기 후반 일본열도에 신라산, 또는 신라를 경유한 문물이 증가하는 역사적 배경은 553년 신라가 한강 하류역을 확보함으로서 신라가 대 중국교섭에서 유리한 입지를 차지하고 옛 가야지역에 해당하는 남해안 동반부를 확보함으로써 백제와 왜의 교통이 어려워진 것에 기인한다. 즉, 왜가 백제로부터 전수받았던 중국의 선진문물을 신라로부터 받아들일 수밖에 없는 상황이 조성된 것이다.

다음은 교토의 가미가모(上賀茂) 신사 출토품의 이입 경로와 배경에 대해 살펴보자. 가미가모신사 출토품은 사산조 페르시아 유리기인 점에서 일본열도로의 이입 시기는 후쿠오카현 오키노섬(沖ノ島)7, 8호 유구로 볼 때 6세기 후반 이래로 추정된다. 가미가모 신사는 가모(賀茂)씨(氏)의 씨신(氏神)을 제사지내는 신사로서 문헌에는 문무(文武) 2년(698) 이래 보인다. 그런데 흥미로운 것은 가모씨와 신라로부터의 이주민으로 추정되고 있는 하타(秦)씨가 혼인관계라는 점이다. 하타씨는 교토의 광륭사가 조영된 우즈마사(太秦) 지역을 거점으로 활동하였으며, 『일본서기』 스이코(推古)31년(623) 신라로부터 이입된 불상을 광륭사에 안치한 이주민 씨족이다. 불상은 목조 반가사유상으로 경북대 소장의 경상북도 봉화군 북지리 출토 석조 반가사유상과 유사하므로 신라 불상이 분명하다. 그래서 가미가모 신사 출토 페르시아 유리기는 7세기 전반 하타씨와 신라의 교섭을 통하여 도입되었으며, 이후 가모씨에게 전해진 것으로 추정된다(朴天秀 2016).

북지리불(北枝里佛), 국보83호불, 광륭사불은 복식 등으로 볼 때 모두 산동성 청주시 용흥사지 출토 북제불(北齊佛)의 계통으로 같은 양식이다(大西修也 2002:137-154). 그래서 사산조 유리기가 북제로부터 신라에 이입되고 불상과 같이 일본에 전해진 것을 알 수 있다. 7세기 후반 칠곡군 송림사 오층전탑 사리장엄구 내에서 페르시아 유리잔이 출토되었다. 이

사리기는 연꽃으로 장식한 기단 위에 활짝 핀 꽃 봉오리 모양으로 장식한 금동제 좌대를 설치하고 사리가 봉안된 작은 유리병을 넣은 둥근 고리무늬 유리잔을 안치한 구조이다. 그 위는 네 기둥으로 받치고 투조(透彫)와 수하식(垂下式)으로 화려하게 장식한 지붕을 올린 것으로, 수미좌(須彌座) 형태의 기단부와 사방의 기둥, 이중덮개로 이루어진 화려한 장막의 형태를 띤 특수한 구조이다. 송림사는 신라 오악의 하나인 팔공산의 서쪽입구에 입지하는 사역(寺域), 전탑의 규모와 사리함, 유리잔으로 볼 때 왕실과 관련된 사찰로 파악된다.

이 유리잔은 용착(熔着)장식에 의한 반지모양의 둥근 고리무늬가 시문된 것이 특징이다. 이 둥근고리 무늬는 섬서성 서안시 하가촌교장 출토품과 나라현 정창원(正倉院) 소장품에 보인다. 이러한 둥근고리 무늬잔과 관련된 유리기는 신강 쿰투라(庫木吐拉, Kumtura) 석굴의 벽화에 보인다. 인접한 4세기부터 작업이 시작되어 9세기까지 계속해서 굴착한 것으로 보고 있는 삼목새모(森木賽姆) 석굴에서 출토되었다. 이곳에서 반원형 잔의 몸통 중간에 2열로 교차되게 둥근 모양으로 장식하였는데, 단추형의 소형 원판을 별도로 제작한 후 부착한 것이다. 이란 출토품 등에 유례가 보인다. 그래서 사산조 페르시아산 둥근 고리무늬 잔은 사막길을 통해 장안에 이입된 후, 신라를 경유하여 일본으로 이입되었음을 알 수 있다. 이는 칠곡군 송림사 오층전탑 금동제 사리함과 유사한 형식이 중국 돈황 막고굴 제148굴의 열반경 변상도에 보이는 점에서도 알 수 있다.

수(隋) 개황(開皇) 9년(589)에 건립된 섬서성 서안시 청선사탑 지궁에서는 돌출절자무늬 유리병 1점, 유리, 마노제쌍륙구(瑪瑙製双六駒) 각 12

점과 백자 1점, 꽃모양 금제장판(金製裝板) 3점이 출토되었다. 유리병은 공 모양의 몸체에 작은 구경부(口頸部)를 절출(切出)하고 구연(口緣)을 평평하게 가공하였다. 몸체 부분의 가운데에 돌출원 무늬 4개를, 그 상위에 역삼각형 무늬를 절출하고 같은 원무늬로 바닥부분을 제작하였다. 이 병은 제작기법과 문양으로 볼 때 전형적인 페르시아의 절자무늬(切子文) 유리기로서 사리병으로 사용되었다. 더욱이 공반(共伴)된 유리, 마노제쌍륙구도 원추형으로 그 유례가 페르시아에서 확인되어 유리기와 함께 이입된 것으로 추정된다.

수나라 인수(仁壽, 601-604) 때에는 전국에 걸쳐 사리탑이 건립되었다. 인수 4년명 섬서성 요현 신덕사탑 지궁에서는 유리병 1점과 페르시아 은화 3점, 오수전(五銖錢) 등이 출토되었다. 유리병은 기형과 색조로 볼 때 중국제이며, 은화는 피루즈 1세(Peroz 457-484), 호스로우 1세(Khosroe 531-578)의 것이다.

섬서성 남전현 채괘촌(藍田縣 蔡拐村) 출토 사리석함에는 측면에 사리영빈도, 분사리도, 사리봉송도, 사리신이도가 부조되어있으며, 수문제(隋文帝)가 인수 연간에 사리를 배포하는 장면을 묘사한 것으로 파악되고 있다. 분사리도에 수문제로부터 사리 분배를 받는 조우관을 쓴 인물은 고구려 또는 신라인으로 추정된다. 더욱이 광홍명집『廣弘明集』 권17, 고구려, 백제, 신라에도 사리 1과를 보냈다는 기록이 있어 7세기 이후 수대(隋代) 사리장엄구의 양식이 삼국에 이입된 것으로 보인다(周炅美 2003:142-147).

이 시기 사막길과 바닷길을 통하여 사산조 페르시아의 문화가 중국에 이입된다. 한편 4-5세기 전반 신라에는 유라시아 기마민족에 기원하는 적석목곽분과 황금문화가 이입되는 차이점이 보인다. 이와 함께 초원로를 통하여 로마 유리기와 훈족의 금제품이 이입된다. 신라는 5세기 후반 북위를 경유하여 사산조 페르시아문화를 받아들이기 전까지 고구려를 통하여 유라시아 초원로의 기마민족 문화를 수용한 것을 알 수 있다. 이는 유라시아의 문명교류가 다원적임을 보여준다.

Ⅲ. 맺음말

4세기 전반에 출현하는 신라의 적석목곽분은 유라시아 기마민족의 묘제에 기원하는 것이다. 5세기 신라의 적석목곽분에는 화려한 금관을 비롯한 황금 장신구가 부장된다. 신라 금관의 신성한 나무(聖樹), 신성한 짐승(聖獸), 신성한 새(聖鳥)는 초원 기마민족의 왕권신수 사상과 관련된 것이다. 더욱이 신라의 금제 관을 비롯하여 목걸이, 허리띠, 팔찌, 신발 등으로 신체를 황금으로 장식하여 매장하는 장제는 중원이 아닌 카자흐스탄 사카(Saka)의 이식(Issyk)쿠르간 등에서 보인다. 신체를 황금으로 장식하는 것은 초원 기마민족의 전통적인 습속이다.

그리고 신라의 적석목곽분에는 중원의 황제묘를 능가하는 수량의 로마 유리기가 부장되는데, 이는 초원기마민족의 습속과 유사하다. 로마 유리기는 훈(Hun)-유연-고구려를 통하여 이입된 것으로 판단된다. 그런데 5세기 후반 돌연 로마 유리기의 수입이 단절되고 사산조 페르시아 유리기가 이입되는데, 이는 훈(Hun)제국의 붕괴와 이는 사산조 페르시아가 유라시아 실크로드에 대두하는 것을 상징하는 것이다.

신라는 유라시아의 동단에 위치함에도 시기별로 초원길, 사막길, 바닷길을 통하여 서방과 문물을 교류하였으며, 나아가 이를 일본에 전한 글로벌 국가였다.

현대는 지구적 규모의 신 실크로드 시대'라고도 할 수 있다. 실크로드의 연구는 인류문화의 역사를 알고 인류 본연의 자세를 생각하는데 가장 흥미로운 분야 중 하나이다. 유네스코가 실크로드 조사를 10년에 걸친 대사업으로 다룬 이유도 여기에 있다. 실크로드의 연구는 매우 미래지향적인 주제인 것이다. 앞으로 장대한 유라시아 실크로드를 통한 문명교류사의 연구가 기대된다.

매장문화로 본 실크로드 지역의 고대 문명

김 경 미(계명대학교 Tabula Rasa College 교수)

1. 무덤: 민족성이 반영된 기록문화

터키와 이란은 실크로드의 주 무대인 중국과 주변의 중앙아시아국가들에서는 상대적으로 멀리 떨어진 중동에 속해 있다. 둘 다 실크로드의 서쪽 끝에 있지만, 아나톨리아는 지중해와 유럽과 인접해있고 이란고원은 이집트와 아프리카와 가깝다. 둘 다 고대 문명의 발상지로 화려했던 문명을 꽃피웠음에도 동서양에 접해 있다는 지리적 이유로 잦은 전쟁과 부침을 거듭했던 곳이기도 하다. 동서양이 만나는 교차로여서였을까. 이 지역이 유럽과 서로 나른 민족이자, 다른 문화 권임에도 불구하고 서로 유사한 신화적, 문학적 서사와 예술적 도상과 모티브들을 집중적으로 공유한다는 점에서 이 지역은 더 매력적이다. 지구상

곳곳에서 서로 다른 문명들이 충돌하기도 하지만, 전쟁과 갈등의 역사 속에서 문화적 교류가 끊임없이 이어지고 있음을 이 지역보다 더 확실하게 보여주는 곳은 없기 때문이다.

인류의 종교, 문화, 예술의 토대들이 이곳에서부터 마련되었고 몇몇 민족들은 여기서 뻗어 나갔다. 고대인들은 국가가 멸망하더라도 우리가 생각하는 것보다 훨씬 더 멀리, 그리고 광범위하게 흩어져 오랫동안 살아남아 그 흔적을 남긴다. 그 대표적인 것이 바로 장례문화, 즉 무덤이다. 장례문화는 한 민족 고유의 전승된 관습이자 삶의 방식이기도 하다. 비록 국가가 소멸해도 절대로 포기할 수 없는 민족적 의례 및 관습 중 하나라고 할 수 있다. 따라서 추적할 길이 요원한 고대인들의 장례문화는 많은 것을 해명해줄 수 있는 길잡이가 된다. 같은 매장문화권이라 하더라도 무덤의 방식에 따라 피장자의 정체성은 달라지기 때문이다. 문자 기록의 여부와 상관없이 무덤은 그 자체로 고대인들이 자신의 고유한 특성을 담아 가장 선명하게 이 땅에 남겨둔 기록문화라고 할 수 있다.

2. 중동지역의 매장방식

(1) 두개골 분리: 레반트 지역과 아나톨리아 차탈휘육

고대 중동인의 매장방식 중 오늘날 주목할 만한 것은 세 가지 정도이다. 가장 오래되고 독특한 매장방식으로는 신석기시대 사자(死者)의 두개골을 분리 및 재배열하거나 두개골에 회반죽으로 채워 넣는 방식이다. 이런 사례는 오늘날 메소포타미아 문명의 발상지로 알려진 티그리스와 유프라데스 강 주변에 들어선 도시들이 밀집해 있는 이른바 '비옥한 초승달 지역'에서 볼 수 있다. 특히 이스라엘, 팔레스타인, 요르단 지역을 일컫는 남부 레반트(Levant) 지역에서 집중적으로 나타난다. 가장 오래된 인류의 유골로는 기원전 7200년으로 추정되는 팔레스타인 여리고(Jericho)의 사례(그림 1)이다. 여리고의 두개골은 아래턱이 제거된 채 분리되어 회반죽으로 채워져 조개껍질로 눈이 장식되어 있었는데, 발굴 당시 이와 같은 두개골 일곱 점이 함께 발굴되었다. BC 7400년부터 BC 5200년 사이에 조성된 것으로 보이는 터키의 차탈휘육(Çatalhöyük)(그림 2)에는 18겹의 층을 형성한 거주지 흔적이 남아 있다. 근처 차르삼바 강의 계절적 범람 때문에 보행로를 없애고 언덕 위에 조밀하게 집을 쌓아 올렸다. 그리고 가족이 죽으면 집안 바닥이나 벽 속에 매장했다. 이곳에서 "독수리에 의한 조장(鳥葬)"[1]을 통해 육탈된 유골 중 두개골과 아래턱이 분리되거나, 두개골에 회반죽이나 붉은 황토를 바른 사례들이 14건 보고되었다. 여리고의 두개골과 비슷한 모양이었다.

주거 공간 내에 시신을 매장하는 풍습은 차탈휘육만의 방식은 아니었던 것 같다. 요르단의 아인 가잘(Ain Ghazal)에서도 시신을 집 바닥에 매장한 사례들이 있다. 회반죽을 채워 장식된 두개골들은 집안 내

---

1 Kristina Killgrove, "These Ancient Headless Corpses Were Defleshed By Griffon Vultures" https://www.forbes.com/sites/kristinakillgrove/2016/06/09/griffon-vultures-defleshed-corpses-to-create-headless-burials-in-ancient-anatolia/#14efdfaf39c6 (검색일: 2019.10.10.)

그림 1) 여리고 출토 두개골, BC 7200, photo from Wikipedia © Zunkir CC BY-SA 4.0

특정 장소에 진열되었을 가능성도 제기되고 있다.[2] 유골에서 두개골을 분리하는 관습은 지금까지 조상숭배 전통 내지 매우 특별한 사회의 장로들이나 노장들에게 부여되는 특혜로 해석되어왔다. 그러나 차탈 휘육의 경우 가족이 혈연으로 이루어지지 않았다. 게다가 분리된 두개골이 신생아와 함께 있는 여성과 청년의 것도 있어, 두개골 재배열과 아래턱 분리에 대해서는 다른 해석도 가능하다. 그것은 "사회의 구성원들이 가정과 사회에 대한 기억을 보존하고 공동체 사회의 연대감을

2 Saeb Rawashdeh, "American scholar examines 'bizarre' early human burial practices" (Jul 13,2017), https://www.jordantimes.com/news/local/american-scholar-examines-bizarre%E2%80%99-early-human-burial-practices (검색일: 2020.9.25.)

강화하는 매우 의례적인 액션으로 볼 수 있다. 두개골의 수집과 재배열은 신석기시대 한 공동체가 친밀함을 보여주는 방식이며, '우리가 제일 먼저 이곳에 있었고 그것을 증명할 선조들의 뼈가 있다'고 선포함으로써 땅과 그 땅의 소산에 대한 소유권을 확보하는 길이기도 했다."[3]

그림 2) 차탈휘육, 남쪽 지구, 2018년 탐사 시 상태

3 고고학자들은 유목민들이 정착하면서부터 조상숭배가 시작되었다고 보고 있다. 즉 땅에 대한 경쟁에서 선조들이 뼈가 묻힌 것으로 증명함으로써 땅의 소유권을 확보한다는 믿음이 정착과 함께 생겨났다고 보았다. Scott D. Hadow, "Çatalhöyük 2012: Skull retrieval, curation and redeposition", (24.08.2012), https://scotthaddow.wordpress.com/2012/08/24/catalhoyuk-2012-skull-retrieval-curation-redeposition/ (검색: 2019.10.25.) 김경미, 「신석기시대 거주지 차탈휘육(Çatalhöyük)의 삶과 예술」, 『동서인문학』, 제58집, 2020, 157에서 재인용.

(2) 조장: 차탈휘육과 페르시아

그림 3) 야즈드 침묵의 탑 '다흐메' 남성용(좌), 여성용(우) ⓒ 계명대학교

티베트인들은 실용적인 이유로 전통적으로 조장을 했다. 그들에게 경작할 수 있는 땅은 부족했고 무엇보다 매장을 위해 긴 겨울 얼어붙은 땅을 파기는 너무 힘들었다. 중동지역 사람들은 어떤 이유에서 조장을 선택했을까. 아나톨리아의 차탈휘육 언덕 위에 지어진 길 없는 도시 사람들에게 조장은 가족들의 시신을 집안에 묻을 수 있는 최선의 방책이었다. 독수리는 살을 제거하고 인대와 힘줄을 그대로 유지하므로 골격 보존에 도움이 된다고 알려져 있다. 무엇보다 독수리에 의한 살의 제거는 부패로 인한 냄새 제거와 매장에 많은 도움이 된다. 일부 주택의 석고벽에는 그리폰 독수리의 두개골도 있고, 조장을 암시하

는 벽화가 그려져 있어 조장을 강력하게 암시한다.

그림 4) '다흐메' 시신을 안치하는 구덩이(여성용) © 계명대학교

조장은 조로아스터교를 믿는 페르시아인들에 의해 널리 행해졌다. 조로아스터교에서는 땅을 신성하게 여겨 시신이 땅을 오염시킬 수 있는 매장과 화장을 금지하였다. 그들은 '침묵의 탑'으로 불리는 '다흐메(Dahmeh)'(그림 3)라는 곳에 시신을 안치하여 독수리가 육탈하면 유골을 수습하여 장례를 치렀다. 조로아스터교의 도시로 유명한 사막 도시 야즈드(Yazd)에는 남녀 탑이 구분된 침묵의 탑(그림 4)이 아직 그대로 남아 있다. 탑 주변에 며칠간 기다리며 애도하는 가족들을 위한 숙소 건물들도 볼 수 있다. 이 탑에 올라 장례의 진행과 유골을 수습하는 일은 전부 조로아스터교 사제들이 엄격하게 진행했다고 한다. 침묵의 탑은

하나의 작은 산처럼 솟아 보는 사람을 압도한다. 남성용 탑은 외관도 여성용보다 더 거칠고 높이도 더 높아 오르려면 잠시 등반을 해야 한다. 탑의 정상부에 이르면 과거에는 더 깊었다고 하나 중앙에 시신을 누인 구덩이가 눈에 들어온다. 정상부에선 뙤약볕임에도 어김없이 그들이 이생에서 마지막으로 누웠을 편치 않은 자리 위로 스산한 바람이 불어오고, 누구든 침묵하게 된다.

조로아스터교를 국가경영에 적극적으로 활용했던 페르시아의 왕들은 어떻게 묻혔을까? 페르시아 제국을 세운 아케메네스 왕조를 열었던 키루스 대제(Cyrus the Great, 559-530 BC 재위)의 무덤(그림 5)은 매장이 아니라 지상 위에 지어진 거대한 돌로 지어진 집 모양의 소박한 구조물이다. 키루스 대제는 페르시아 제국을 건립할 당시 노예들을 해방하고 각 민족의 고유한 문화를 보장한다는 내용의 법령을 쐐기문자로 적어 공표하여 오늘날까지 존경받는 성군의 표상이 되었다. 그 법령이 적힌 이른바 '키루스 실린더'는 최초의 인권선언문으로 평가받는다. 그의 뒤를 이은 페르시아 왕들의 영묘 낙쉐로스탐(Naqsh-e Rostam)(그림 6)은 병풍처럼 둘러진 높은 산의 암벽에 굴을 파서 유골을 안치한 네크로폴리스이다. 페르시아 제국의 전성기를 이끌었던 다리우스 대제(Darius the Great, 522-486 BC 재위)를 비롯한 네 명의 왕들의 묘실 입구 벽에는 제국의 속국 대표들이 떠받치는 대좌 위에 무덤 주인공인 왕들이 조로아스터교의 상징인 아후라 마즈다(Ahura Mazda)의 신성한 가호 아래 서 있는 장면이 부조로 새겨져 있다. 각 무덤 아래와 무덤 주변에는 사산 왕조 시기 왕들의 서임식이나 전승 기념과 같은 부조들이 조각되어 있다. 다리우스 대제의 무덤 앞에는 '조로아스터의 큐브'라고 불리는 입방체 모양의 건물이 서 있다.

그림 5) 키루스 대제 영묘, 이란 파사르가데, 기원전 6세기 © 계명대학교

조장은 페르시아 제국 휘하의 국가들도 조로아스터교를 수용하면서 퍼져 나갔다. 이란 동부 지역인 소그디아나(Sogdia, Sogdiana, 현재의 타지키스탄과 우즈베키스탄)에 살았던 소그드인들은 과거 실크로드 무역을 주도하는 국제상인들로 잘 알려져 있다. 이 소그드인들에 의해 조로아스터교는 사방으로 전파되었다. 그들은 조로아스터교의 원리에 따라 토장이나 화장을 하지 않고 '침묵의 탑'에서 육탈된 시신을 흙으로 만든 원통형의 '웃스아리(Ossuary)'라는 납골기에 안치하였다. 웃스아리는 "소그디아나 지방과 호라즘 등지에서 집중 출토되고 있으며, 파미르를 넘어 동투르키스탄 즉 중국 신강 위구르자치구의 쿠차나 투르판 지역에서도 유사한 예가 출토되고 있어, 소그드인의 동방 무역활동의 결과 서투르키스탄의 조로아스터교 장제 문화가 전파된 것으로 추정된다. 북경의 고궁박물원에는 중국 고대건축 형태의 웃스아리가 소장되어 있

는 점으로 보아, 소그드인에 의한 조로아스터교 장제문화는 중국의 중원에 이르기까지 그 영향이 파급되어 또 다른 형태의 지역적 변용을 이룬 듯 하다."(국립중앙박물관 c 2010, 228)

그림 6) 낙쉐로스탐, 왕들의 영묘, BC 550-330, 이란 파르스 주 ⓒ 계명대학교

(3) 적석목곽분: 하티와 프리기아

아나톨리아 지역에서 주목할 만한 매우 특이한 매장방식은 적석목곽분(積石木槨墳)이다. 적석목곽분은 지상 또는 구덩을 판 지하에 상자 모양의 덧널[木槨]을 놓은 다음, 그 위에 냇돌을 둥글게 쌓고 다시 흙을 입혀 봉분을 만든 것이다. 우리나라의 경우 신라 왕과 귀족의 무덤에만 국한된다는 점에서 그 기원은 물론 전 세계에 퍼져 있는 사례에 눈

길을 끌게 한다. 아나톨리아 지역의 경우 가장 오래된 사례는 오늘날 터키 중부 알라자휘육(Alacahöyük)에 거주했던 하티인들에게서 찾아볼 수 있다. 하티는 아나톨리아로 북방민족적 요소들이 유입된 초기 사례로 중요하지만, 현재까지 연구도, 복원도 미진한 상태이다. 아나톨리아의 대부분 지역은 오랫동안 '하티의 땅(Land od Hatti)'으로 불렸다. 하티인들은 기원전 2,500년 전부터 중부 아나톨리아에 정착하여 최초의 사회집단을 구성했는데 상당히 발달된 청동기 문명을 이루었던 원주민들이었다. 이후 하티인들은 그들과 언어적으로 전혀 다른 히타이트인들에게 흡수되었고 하티의 땅은 히타이트(Hittite)의 본거지가 되었다. 기원전 2,200년부터 인도 유럽 종족인 히타이트인들이 아나톨리아로 들어오기 시작하여 제국을 형성한 시기까지 이 이름은 계속 사용되었다. 그런 이유에서 히타이트인들은 그들의 수도를 '하투사(Hattusa)'로 이름 지었다(Yazıcı 2015, 12). 하티의 주요 무대였던 알라자휘육에는 오늘날 스핑크스 성문을 지나 13기의 왕들의 무덤들과 사당 등 건물터가 남아 있다. 13기의 무덤은 하티의 왕과 여왕 혹은 왕실 가족들의 무덤으로 추측되는 왕가의 무덤으로 추측되는데 현재 6기의 무덤(그림 7)이 복원되어 투명 플라스틱 지붕이 씌워진 채 관광객들에게 공개되어 있다. 무덤 속에는 앙카라 아나톨리아문명박물관에 소장된 선 디스크(Sun disk)들이 무덤 바닥에 군데군데 놓여 있다.

무덤에 매장된 시신은 한 구 혹은 두 구이기도 하고, 성별도 남녀 다양하며 모든 시신의 머리 방향은 서쪽에 놓이고 얼굴은 남쪽을 향하도록 안치되었다고 한다. 무덤 안에는 금, 은, 동과 각종 보석류, 청동으로 만든 황소와 사슴, 제의용 상징들, 선 디스크들, 은제 여성상, 황금 컵, 황금 버클, 황금과 금속으로 만든 단검 등이 있었는데 모두 사자(死者)에게 바쳐진 것들이다. 특이한 것은 무덤 가장자리 위에 동물의 두개골과 뼈들이 장식처럼 얹혀 있다. 이런 방식은 초원을 누빈 흉노 귀족의 무덤에서 볼 수 있는 전형적 방식이어서 과연 아나톨리아 원주민으로 알려진 하티인들의 무덤인지 의문이 생기지 않을 수 없다. 그래서인지 터키 현지에서 구입한 두 권의 책은 이 왕가의 무덤 매장방식을 북방문화의 전통과 연결시키고 있다.

그림 7) 왕가의 무덤 내부, 알라자휘육 © Bernard Gagnon photo from Wikipedia CC BY-SA 3.0

"알라자휘육의 선 디스크에 있는 황소나 사슴과 같은 동물들은 모두 다 신(神)을 상징한다. 황소는 히타이트에서 하늘의 신이다. 에크렘 아쿠르갈(Ekrem Akurgal)은 동물형상을 가진 그런 선 디스크들은 모두 단 위에 붙어 있고 제의에서 사용되었으며, 하티인들의 것이 아니라 히타이트인들의 것이라고 주장한다. 그의 주장을 뒷받침하는 바는 이런 제의 물품들이 러시아

남부 마이콥(Maikop)의 문명의 사례와 유사하다는 점이다. 히타이트인들이 코카서스 산맥을 거쳐 북동쪽에서부터 아나톨리아로 들어왔기 때문에 이런 유사성은 납득할 만하다. 인도유럽어를 쓰던 히타이트인들이 처음 아나톨리아로 들어왔을 때 그들은 매우 거친 민족이었다. 히타이트인들은 하티의 종교, 언어, 신화와 문학에 영향을 받고 나서 히타이트 제국 시기 동안 독자적인 생활과 예술방식을 구축해갔다."(Yazıcı 2015, 13)

J.G. 맥퀸(J.G. Macqueen) 역시 그와 비슷한 가능성을 강력하게 제시한다. 그는 알라자휘육의 무덤들은 북방 문화가 아나톨리아 중앙으로 일시적으로 확장된 것으로 볼 수 있다고 보았다. 그 역시 알라자휘육의 청동 유물들은 여러모로 마이콥 문화[4]와 연관성을 가진다고 보고, 이것을 코카서스 남쪽에 분포한 쿠르간과 연결시키고 있다. 그러나 하티인들을 초기 히타이트인들과 연계해 볼 수는 없다고 선을 그었다(Macqueen 1996, 32).[5]

---

4 마이콥(Maycop 혹은 Maicop으로 표기) 문화는 기원전 3700년부터 3000년 사이 청동기 시대 흑해 연안 러시아 남부지역에서 초원지대에서 발견되는 쿠르간으로 지칭되는 돌무덤 혹은 봉분을 가진 무덤들을 말한다. 대부분 초원을 누비고 다닌 거대한 뿔 달린 황금 사슴들이 출토되거나 동물 모티브의 금속기들이 출토된다. 인근 조지아와 아제르바이잔 등 코카서스 지역까지 분포되는 마이콥 문화의 기원은 말을 먹이고 유목민족의 조상이었던 이란으로 추측하고 있다.

5 맥퀸은 히타이트로 흡수된 하티인들 본래의 언어가 원래 하티어인지 아닌지 알 수 없음을 지적하고 '하티의 땅'은 터키 중부 하투스/보가즈쾨이(Hattus/Boğazköy)가 아니라 오늘날 터키 동부에 있는 디브리이(Divriği) 근처까지 훨씬 더 동쪽으로 초점이 맞춰진 것일 수도 있다고 가정한다. 따라서 맥퀸 역시 '하티인들이 누구인가?'는 질문을 여전히 열어두고 있다(Macqueen, 1996, 33). 하티인들의 무대가 동부로 더 확장된다면 이란에 기원을 둔 마이콥 문화의 영향권 안에서 알라자휘육의 매장방식과 동물 모티브의 청동기들을 납득할 만하다.

마이콥 문화와 인근 지역 쿠르간뿐만 아니라 유라시아 초원 지역을 가장 오랫동안, 그리고 가장 광범위하게 활보한 흉노 역시 이와 유사한 방식을 취하고 있어 매우 흥미롭다. 흉노는 중앙아시아에 진출하여 실크로드의 도시국가들을 통치하게 되면서 유럽과 아시아를 연결하는 교량 역할을 하였다. 흉노에 대해서는 중국 『사기』, 『한서』 등 중국 기록에서 확인되며, 이것은 18세기 러시아어와 프랑스어로 번역되어 서양에 알려지면서 비로소 그 존재를 인정받기 시작했다. 20세기에 들어와 흉노 귀족 무덤과 유적지들이 발굴되면서 흉노에 대한 정보를 확인하고 새롭게 정리해가는 과정에 있다(에렉젠 2011, 56). 우리나라도 우리 고대사와의 연결 가능성을 고려하여 20세기 초반부터 국립중앙박물관에서 학술조사단을 파견하여 몽골의 흉노 유적지 발굴현장을 계속 조사하고 전시를 통해 그 성과를 보고하고 있다. 특히 신라 지배층에 대해 북방 기마민족의 유입설이 제기되고 있는 점을 고려해볼 때 흉노 귀족의 무덤 구조가 직사각형 구덩이에 시신을 안치한 나무 덧널을 넣은 후 돌을 쌓아 올린 적석목곽분으로 삼국시대 초기 한반도에서 발견되는 무덤 형태와 유사한 점은 주목할 만하다.[6]

6 과거 흉노의 영토였던 몽골, 러시아 부리야트공화국의 남 바이칼과 알타이산맥, 그리고 중국의 내몽골자치구 등에서 약 7천여기의 무덤이 발굴되었다. 그 중 4천여기가 몽골에서 확인되었고 노용 올(Noyon Uul), 골 모드(Gol Mod), 타힐팅 홑거르(Takhiltyn Khotqor) 등 귀족계층의 대형 무덤이 분포한 7개 고분군이 몽골 지역에 있다. 일모바야 파디(Il'movaia Pad'), 차람(Tsaram), 얼고이탕(Orgotion) 등 3개 귀족계층 무덤군은 러시아 부리야트공화국 바이칼 지역에서, 바이닥(Bai Dag-2)등 1개의 귀족계층 무덤군이 투바공화국 지역에서 발견되었다(에렉젠, 2011, 56-57).

흉노 귀족 무덤의 부장품 중 가장 수가 많은 것은 마구용품들이다. 몽골과 러시아 지역 흉노 무덤군의 부장품의 매장유형을 다섯 종류로 도식화한 것(Brosseder 2009, 266)을 보면 알라자휘육의 왕가의 무덤과 크게 다르지 않다. 다섯 기 모두 동물의 두개골과 뼈 등이 출토되었고 이 중 네 기가 쿠르간으로 되어 있다. 그렇다면 알라자휘육의 통치자들은 북방 출신의 고대 흉노인들이었던가? 그렇다고 하더라도 엄청난 시간적 공백은 여전히 의문으로 남아 있다. 흉노 귀족 무덤의 조성 시기는 약간씩 차이가 나지만 위에서 언급한 지역의 것들은 대부분 기원후 1세기경으로 보고되고 있다(에렉젠, 2011, 72). 그렇게 보면 알라자휘육의 무덤과 흉노 귀족들 무덤군 사이의 시간적 공백은 설명하기 힘들어진다. 여러 계통의 부족으로 형성된 다민족군으로 알려진 흉노가 장소를 이동해가면서 수천 년 동안 일관된 장례풍습을 유지하기란 불가능하기 때문이다.[7] 여전히 의문은 남는다. 알라자휘육 왕가의 무덤의 피장자들인 하티의 통치자들은 과연 누구였을까? 마이콥 문화의 남하로 모든 것을 이해하기엔 풀어야 할 숙제가 아직 많다.

---

7 왕가의 무덤 13기 중 나머지 7기의 무덤에 대해서는 현재까지 확인할 자료는 찾을 수 없다. 발굴은 되었으나 복원만 되지 않은 건지 어떻게 된 건지 알 수 없다. 13기가 전부 같은 형식이라면 원주민 하티인의 것으로 보기는 더 힘들다.

그림 8) 프리기아 고르디온 미다스의 아버지 고르디아스의 무덤

아나톨리아 땅에는 경주의 왕릉처럼 거대한 봉분을 가진 적석목곽분의 사례가 있다. 알라자회육에서 그리 멀지 않은 아나톨리아 중부에서 기원전 12세기부터 기원전 6세기경까지 존속했던 프리기아(Phrygia) 왕국의 저 유명한 미다스(Midas)[8]왕의 무덤(그림 8)으로 알려진 곳이 있다. 그런데 사실은 그의 무덤이 아니라 그의 부친 고르디아스(Gordias)의 무덤이다. 근처에 가면 하나의 작은 산을 마주하여 마치 대릉원을 보는 듯하다. 무덤 속을 한참 들어가면 작은 통로를 통해 실물로 거대한 목

---

8 프리기아는 여러 전설을 가진 곳이다. 수도 고르디온은 아무도 풀지 못한다는 고디안의 매듭을 알렉산더 대왕이 단칼에 잘라 푼 곳이고, 미다스 혹은 마이더스 왕은 손만 대면 황금으로 변하게 만든다는 전설적인 바로 그 왕이자, '임금님 귀는 당나귀 귀'라는 설화의 주인공이기도 하다. 신라 경문왕 역시 이 설화의 주인공이기에 우리와 설화를 공유하는 셈이다. 미국 펜실베니아 대학 고고학팀에서 1950년부터 한 차례 중단된 이래 현재까지 고르디온을 계속 발굴하고 있다.

관(그림 9) 일부를 볼 수 있다. 발굴 당시 목관 해체과정에서 관을 열자 유골이 먼지가 되어버렸다고 한다.

그림 9) 고르디아스의 무덤 속 거대한 목관 © 계명대학교

3. 부장품의 주요 모티브

알라자휘육과 인근 호로즈테페(Horoztepe)에서 출토된 부장품 중 동물 모티프가 눈에 띈다. 그중에서도 뿔을 선호하는 고대 문화권답게 사슴, 황소가 단연 압도적이다. 그중에서도 우리 유물과의 연관성을 추적하기 위해 우리 유물에서 거의 용례가 없는 황소는 제외하고 부장미술에서 중요한 사슴과 오리 혹은 새의 모티프를 살펴보고자 한다. 우

리에게도 친근한 사슴과 오리는 흥미롭게도 유독 가야의 부장품들에 집중되어 있다. 특히 동물 모양의 가야 상형토기는 여러모로 북방민족의 영향을 보여준다. 서로 다른 지역과 거대한 시차에도 불구하고 하티와 가야가 북방민족적 특성을 어떻게 공유하는지 살펴보고자 한다.

(1) 사슴: 선 디스크

앙카라의 아나톨리아문명박물관에 전시된 아나톨리아 지역의 초기 청동기 시대의 대표적인 유물들은 기원전 3,000년부터 1,950년 사이 시기로 추정되는 것들이다. 그중에서도 알라자휘육 왕가의 무덤과 인근 호로즈테페에서 출토된 동물 형상이 부착된 제례용 청동 선 디스크들은 단연 눈에 띈다. 알라자휘육 무덤에서 유독 선 디스크들이 많이 출토되는 이유는 히타이트 전문가들에 의해 이 지역이 아리나(Arinna) 시로 추측되기 때문이다. 아리나 시의 주신(主神)은 바로 태양의 여신이다. 고고학적 증거나 문헌학적 근거는 없지만 알라자휘육이 아리나로 추정되는 이유는 아리나가 하투사에서 25km 떨어진 곳에 있고 [고대 제의 시 사용되는] 까마귀가 날 수 있는 반경 내에 있는 유일한 지역은 알라자휘육 밖에 없기 때문이다(Yazıcı 2015, 108). 알라자휘육 입구 스핑크스의 문을 지나면 바로 좌우측 통로 하단부에 아리나 여신에 바쳐지는 제의와 관련된 부조가 새겨져 있는데 히타이트 전문가들에 따르자면 좌측에 긴 옷을 입고 의자에 앉아 있는 인물이 태양의 여신 아리나이다. 홀을 들고 서 있는 인물들은 그녀 앞에서 예를 갖추고 있다.

하티의 선 디스크는 크게 두 종류로 나뉜다. 황소나 사슴과 같은 동물들의 형상을 부착한 것(그림 10)과 투각 방식으로 기하학적 문양을 형상화한 것(그림 11)으로 구분할 수 있다. 후자의 경우 대부분 작열하는 태양을 조형적으로 상징화한 것으로 보인다. 동물 형상을 부착한 것 중 가장 강력한 눈길을 끄는 것은 거대한 황소 뿔을 기반으로 삼아 가운데에는 거대한 뿔이 하늘로 치솟은 사슴을 세우고, 황소를 좌우에 배치한 선 디스크이다. 양쪽으로 갈라져 있는 거대한 뿔은 굵은 동아줄이 연결하고 있는 모양을 하고 있어 마치 둥근 원형 제단을 이루고 있는 듯 하다. 황소보다 사슴이 더 크고 위압적으로 조영되어서 이 선 디스크가 현실적 공간이 아니라 제의적 공간에서 사슴의 특별한 상징성을 강조하기 위한 용도임을 암시한다. 거대한 뿔을 가진 사슴은 유라시아 지역에서 신성한 동물이기 때문에 신앙의 대상이었고 관을 장식하거나 다양한 방식으로 조영되었다. 호로츠테페에서 출토된 것 중에는 청동으로 된 황소와 사슴 형상들도 보인다. 앙카라 박물관에서 뿔 달린 사슴이 서 있는 선 디스크와 사슴 조상들을 처음 봤을 때 믿을 수 없게도 전혀 낯설지 않았다. 그 익숙함의 이유가 무엇이었을까?

그림 10) 선 디스크, 알라자휘육, 아나톨리아문명박물관

그림 11) 선 디스크, 알라자휘육, 아나톨리아문명박물관

그림 12) <사슴장식 구멍단지>, 가야 © 국립중앙박물관

그림 13) <사슴장식 구멍단지> 부분도 가야 © 국립중앙박물관

그 이유는 언젠가 본 적 있는 국립박물관 소장 사슴장식 구멍단지(그림 12, 13)의 사슴 때문이었다. 국립박물관 소장 단지의 사슴과 호로츠테페의 사슴은 거의 흡사하게 보인다. 5세기 소가야 것으로 추정되는

이 단지에는 술과 같은 액체를 붓기 위한 구멍이 뚫려 있는 것으로 보아 무덤에서 출토되었을 것으로 추측된다. 우리에게도 사슴은 고대로부터 중요한 동물이었다. 사슴의 긴 뿔은 지상과 하늘을 연결하는 매개체로 인식하기도 했다. 특히 흰 사슴은 아주 신성한 존재인 신의 사슴으로 여겨 국가 제사에 사용하기도 했으며, 도교에서 신선이 타고 다니는 동물 중 하나가 바로 사슴이다. 우리나라 고대 문헌에서도 사슴과 관련된 기록이 많은데 『삼국사기』에 25차례나 등장한다. 이런 신성함의 상징으로 인해 제의의 희생물로 사슴을 종종 이용했다. 특히 삼국시대 무덤에서 사슴 뼈가 확인되는 경우가 많았는데 가야지역에서 여러 점의 사슴뿔이 발견되었다.[9] 알라자휘육과 호로츠테페의 사슴 모티브가 모두 부장품의 성격이었고 제의에 사용되었다는 점에서 가야토기에 사용된 용례와도 다르지 않다.

가야의 상형토기[10] 중에서 사슴 장식 뿔잔 역시 굽다리 접시 위에 놓여 있어 제사용으로 추정된다. 동물들이나 사람의 형상을 토기에 붙이거나 특정한 형태를 따라 만든 상형토기는 그 외형이나 그 용도를 보아 동물 형상을 부착한 히타이트의 의례용 토기와 크게 달라 보이지 않는다. 적어도 비슷한 문화권의 유물로 느껴진다. 동아대학교박물관에 소장된 말머리 뿔잔과 국립중앙박물관의 사슴 장식 뿔잔은 모두

9 박진일, 〈사슴 장식 구멍단지〉, 큐레이터 추천 소장품: 국립중앙박물관 https://www.museum.go.kr/site/main/relic/recommend/view?relicRecommendId=165930 (검색일: 2020.09.10.)

10 인물이나 동물 및 특정한 물건을 본떠 만든 상형토기(象形土器)라고 한다. 사슴 역시 상형토기의 주제로 많이 이용되었는데 주로 5-6세기 가야나 신라 무덤에서 사슴을 형상화한 토기가 출토되었다. 경주 황남동에서는 작은 사슴 토우가 출토되었으며 가야 사슴 장식 뿔잔도 있다.

가야토기이다. 특히 말머리 뿔잔은 유목민족의 말에 대한 신앙을 엿볼 수 있다. 뿔잔은 이른바 '리톤(Rhyton)'이라고 불리는 페르시아에서 유래하여 북방 스키타이계 민족 사이에서 널리 유행한 양식이다. 특히 말머리 뿔잔에서 유목민족의 말에 대한 신앙을 엿볼 수 있다.

(2) 오리: 시스트럼

앙카라 아나톨리아문명박물관에서 필자의 눈에 들어온 또 다른 선 디스크(그림 14)의 상단 중앙에는 황소와 사슴이 아니라 오리와 비슷한 새 형상이 달려있다. 청동이 부식한 탓인지 첫눈에 금방 알아보기 어려웠지만, 자세히 보면 이것은 분명 새 형상(그림 15)이다. 이 선 디스크는 우리에게 너무 익숙한 가야의 오리모양 토기를 떠올릴 수 있다. 흥미롭게도 제사에 사용된 이 굽다리가 달린 토기는 액체를 담을 수 있는 원통형 잔 모양이 오리 등 위에 달려있는데 선 디스크 맨 상단에 있는 오리 모양의 새들 역시 이와 비슷한 둥근 주머니를 등에 달고 있다. 고대사회에서 오리나 새는 죽은 사람을 저승으로 인도하는 역할을 한다고 믿었다.[11] 기둥 위에 새를 올려놓는 풍습은 전형적인 북방계 문화로 동아시아 전역에 걸쳐 발달했는데 솟대 신앙도 그 연장 선상에서 이해할 수 있다. 특이하게도 가야 고분에서 유독 오리 형상을 한 새 모

11 오리모양토기가 경주, 경산, 대구, 울산, 부산, 김해 등 진한과 변한의 옛터에서 주로 출토되는 사실은 『삼국지』 魏書 東夷傳 弁辰條 "큰 새의 깃털로 죽은 이를 보내니 그 뜻은 죽은 이의 넋이 하늘을 날도록 하려는 것"이라는 기사와 관련하여 시사점을 준다. 이로 보아 오리 모양 토기는 장의에 따르는 부장품으로 영혼의 승천을 돕고자 하는 뜻에서 죽은 이와 함께 묻혔던 것으로 추정된다. 곧 오리모양 토기는 일상생활에 쓰이는 그릇이 아니라 장례와 관련된 의식에 쓰이던 의식용기로 여겨진다(국립중앙박물관 a 1998, 124).

티브가 많이 사용되었다는 것은 흥미로운 일이다. 호림박물관 신사분관에 소장된 새 장식 항아리에 달린 새들이나 미늘쇠[12] 장식에 달린 새 모양들은 모두 매장의례를 위한 주술적, 상징적 성격과 기능으로 이해할 수 있다.

그림 14) 선 디스크, 알라자휘육, BC 3000년 후반기, 아나톨리아문명박물관

---

12 미늘쇠는 덩이쇠의 양쪽에 미늘을 만들고 철판을 휘어 오므려서 자루를 끼울 수 있게 만든 것으로 농구나 공구로서는 사용하기 어려운 도구이다. 가야지역에서는 대략 4세기 무렵에 나타나는데, 초기에는 주로 권위의 상징으로서 대형고분에 부장된다. (중략) 김해와 부산지역의 경우 미늘의 형태가 고사리 모양이고 함안과 합천지역은 세로로 긴 사각형의 얇은 철판 주위에 새 모양 장식이 붙어 있어 어떤 종류의 상징성이 가미되어 있다(김정완, 이주헌 2006, 87).

그림 15) 그림 14)의 부분도, 상단 부분

그림 16) 오리모양 토기, 가야 © 국립중앙박물관

하티인들의 청동 유물 중에는 선 디스크 외에도 아주 매력적인 제의용 부장품이 하나 더 있다. 그것은 '시스트럼(sistrum)'(그림 16)이라고 불리는 것으로 흔들면 소리가 나는 딸랑이 같은 악기의 일종으로 오늘날 탬버린의 전신이라 할 수 있는데 여러 고대 문화권에서 나타난다. 시스트럼은 고대 이집트에서 하토르(Hathor) 여신의 제의에서 사용되었으며 후에 로마 시대에는 이시스(Isis) 여신의 제의에서 사용되었다. 이집트에서는 위쪽이 열린 U자형(그림 18)과 닫힌 말발굽형 두 가지를 사용했다. U자형 시스트럼은 이미 BC 2,500년경 수메르에서도 사용한 것으로도 전해지고, 이후 크레타에서 출토된 <올리브 수확자들의 항아리>에서 노래 부르는 사람들 중 한 사람이 둥근 형태의 시스트럼을 들고 흔드는 것이 묘사되어 미노아 문명권에서도 시스트럼이 사용되었음을 알 수 있다.[13] 하티의 것이 미노아 문명보다 시대가 더 앞선다는 점을 주목할 필요가 있다.

호로츠테페에서 출토된 U자형 시스트럼의 상단에는 이 지역에서 중요하게 생각하는 동물들의 형상들이 장식되어 있다. 시스트럼의 경우에도 선 디스크의 동물들이 서 있듯이 솟대 위에 서 있는 오리처럼 새 한 마리가 서 있고 세로 면에는 황소의 뿔로 장식되어 있다. 또 다른 사각형 시스트럼에도 다양한 종류의 동물들이 열을 지어 서 있는데 거대한 뿔을 자랑하는 사슴이 단연 돋보인다. 이 시스트럼은 장례

---

13 크레타에서 나온 이 항아리는 하티인들과 히타이트인들이 북방 문화가 아니라 이집트의 영향을 받았으며 유럽 문화적 배경과 연결될 수 있음을 주장하는 근거로 사용되기도 한다. 그러나 하티의 시스트럼이 크레타보다 시기가 앞서고 히타이트와 같은 오리엔트 영향을 크레타인들이 받은 것을 부인할 수는 없다.

그림 17) 하티의 시스트럼, BC 2300-2000, 호로츠테페 출토. © 메트로폴리탄미술관

그림 18) 시스트럼을 들고 있는 람세스 2세의 아내 네페르타리, 아부 심벨 신전

를 집도하는 사제들에게 신성한 기운을 불러일으키는 악기로 기능했을 것이다. 사자(死者)를 천상으로 인도하는 매개역할을 하는 신성한 동물로 사슴과 오리는 단연 으뜸이다. 앞서 살펴본 선 디스크의 경우 제의에 사용되었다는 것 외에 정확한 용도를 알 수 없는데, 그 생김새를 자세히 살펴보면 대부분 시스트럼처럼 흔들면 소리가 날 수 있도록 앞쪽에 별도의 작은 청동판이 몇 개 더 부착되어 있거나 그런 흔적이 남아 있다. 따라서 선 디스크 역시 무덤 속에 부장된 것으로 보아 장례의식에 사용되었다 부장되었을 가능성을 생각해볼 수 있다.

신라 금관의 일반적 형태는 앞에는 '출(出)'자형, 뒤에는 사슴뿔 두 개가 솟은 모양이다. 카자흐스탄 이식고분 관장식에도 '출'자형 장식이 붙어 있다. 사슴과 나무의 흔적은 과거 유라시아 제사장들의 관장식에 사용되었던 모티프들이기도 했다. 현재까지 발굴된 신라 금관 6개 중 서봉총 금관에는 유일하게 새 모양이 달려 있다. 알라자휘육의 제의용 시스트럼에 사슴과 오리 형상이 등장한 것을 상기해보면 이 동물을 신의 중재자로 본 신앙은 상당히 오래전 그리고 폭넓게 형성되었던 것을 알 수 있다. 특히 흑해 연안 호흘라치 고분에서 출토된 머리띠모양 금관의 상단에는 사실적으로 주조된 사슴, 나무 등이 세워져 있다. 생명의 나무를 사이에 두고 한 쌍의 동물이 서로 마주 보는 동물의 형상은 고대 메소포타미아 지역에서 기원한 오래된 모티프이다. 호흘라치 고분에서 출토된 또 다른 금관의 양 끝에는 각각 새 두 마리가 얹혀 있다.

중동지역 매장문화를 살펴보면서 우리와는 거리가 먼 두개골 분리나 조장과는 달리 적석목곽분과 사슴뿔 그리고 생명의 나무 혹은 신단수를 상징하는 금관문화가 신라에서도 나타나고, 유독 가야토기에 동물 모티프들이 많이 사용되고 있음을 확인할 수 있었다. 따라서 신라와 연결될 수 있는 가능성을 주목하지 않을 수 없다. 2009년 사라졌던 문무왕의 비문 일부가 구 경주박물관 담장 뒤 민가 수돗가에서 발견되면서 고대사 연구의 새로운 화두가 제공되었다. 신라에 와서 그동안 한반도에는 없던 거대무덤의 등장과 금관과 금장 부장품 출토로 북방 유목민족 흉노와의 연관성이 꾸준히 제기되어 왔다. 2010년 11월 25일 KBS에서 방송한 <신역사스페셜> 제51회 '수수께끼의 나라 신라, 2편 금관은 왜 사라졌는가'에서는 이 문제를 집중적으로 다뤘다.[14] 새롭게 발견된 문무왕 비문 내용이 문무왕이 자신을 중국 서북지역에서 살던 '투후' 김일제(金日磾), 즉 흉노의 후손이라 밝힘으로써 이를 두고 뜨거운 공방이 있었다.

신라왕족 흉노설이 제기된 것은 신라에서만 전례 없던 거대무덤과 금관 탄생과 더불어 북방 유목민족에게 신성시되는 사슴모티프의 변용인 출(出)자 금관이 출토된다는 점 그리고 왕의 칭호도 북방의 '칸'을 받아들여 '마립간(麻立干)'으로 변경했다는 점이 주된 이유다. 그런데 4세기 말 갑자기 출현한 거대 무덤과 금관은 150여 년 후 6세기 초반 갑자기 사라진다. 이는 불교의 수용으로 사찰과 불탑 건축에 매진하면서 매장문화가 바뀐 것이다. 흥미롭게도 금관이 사라진 후 신라, 삼척, 단양 등에서 6세기 중반 평범한 관테에 나뭇가지 장식을 올린 것이 전부인 소박한 동관이 발굴되었다. 부장된 여성 청동 장신구들을 분석한 결과 흥미롭게도 피장자는 무속인들로 추정된다고 하였다. 사슴과 나무가 신라 금관에 등장하여 무속인들의 제의에도 남아 전승되었던 흔적은 그 자체로 매우 흥미롭다. 이것들은 전부 과거 유라시아 제사장들에게 사용되었던 모티프들이기 때문이다.

---

14 신역사스페셜 51회 -「수수께끼의 나라 신라, 2편 금관은 왜 사라졌는가」(2010.11.25. 방송) http://history.kbs.co.kr/ (검색일: 2020.09.25.)

신라 김(金)씨 흉노 기원설에 대하여 일부 학자들은 신라의 거대무덤과 금관은 박(朴), 석(昔)씨 이후 새롭게 권력을 잡은 김씨의 초월적 지위를 과시하기 위한 상징이라고 일축한다. 즉 내물마립간 시기 북방의 강자로 부상한 흉노를 주목하여 북방민족들에게 널리 유행한 무덤과 금관을 수용했다는 해석이다. 중국 고대의 기록에 신라 이전 진한 시절부터 진시황의 폭정을 피해서 중국 북방에서 내려온 이주민이 많다고 했는데, 그들의 흔적이 최근 고고학 유적에서도 발견되었다는 것이다. 신라인들은 그로부터 400~500년이 지난 후 마립간 시대가 되어 김씨가 왕위를 독점하면서 북방계의 유물과 적석목곽분을 만들고 신라가 통일할 무렵 묘비명에 자신들이 흉노의 후예라고 적어 북방지역과의 관계를 과시했다는 설명이다. 이는 당시 흉노의 위상이 야만인이 아니라 유라시아 최대 강국으로 부상함으로써 신라 김씨가 흉노의 후예를 자처하며 가장 선진적이었던 북방지역 네트워크를 구축하여 삼국통일의 과업을 달성했다고 보는 입장이다.[15]

그런데 신라 김씨가 흉노의 후예를 자처한 것이 단지 삼국통일을 위한 거대한 프로젝트에 국한된 건지 지속적 관심과 연구가 필요하다. 신라는 어떤 경로로, 어떻게 흉노를 '수용'했는지 규명될 필요가 있다. 특히 우리 고대사에서 여전히 소외되어 있는 가야의 실체와 가야와 북방민족과의 관계 또한 적극적으로 추적되길 바란다. 고대국가의 한 왕조가 과연 본인들과 무관한 먼 낯선 다른 민족의 장례문화를 권력

15 강인욱, 「신라인은 왜 스스로를 '흉노의 후예'라 불렀을까」, 한겨레(2020-05-29) http://www.hani.co.kr/arti/culture/book/947012.html (검색일: 2020년 9월 20일)

유지용으로만 150년간 유지하는 것이 과연 가능한지 묻지 않을 수 없다. 오히려 북방에서 이주해 온 그들이 초기에는 그들에게 익숙한 방식의 장례문화를 지배이데올로기로 적절하게 활용했지만, 남하해 정착해가는 과정에서 불교를 수용하면서 농경사회에서는 맞지 않은 북방적 초원의 장례문화를 스스로 포기했다는 가정은 불가능한지 묻고 싶다. 신라 김씨의 북방기원설은 그 가능성을 열어두고 더 폭넓게 연구될 필요가 있다. 향후 지속적인 참여와 전문 학자들의 활발한 연구로 남은 의문들이 해소될 수 있길 기대해본다.

이를 위해 흉노문화에 대한 올바른 이해가 필요하다. 흉노는 히타이트만큼이나 그들의 유래와 행방을 둘러싸고 여러 가지 해석이 분분하다. "서방으로 이동한 북흉노가 4세기에서 5세기 로마제국의 쇠망에 커다란 영향을 끼쳤던 훈족과 동일하다는 주장이 북흉노의 해방을 둘러싼 의견 중 하나다."(국립중앙박물관 b. 2009, 12) 이제 과거 흉노를 야만적으로 바라본 중국인들의 부정적 시각에서 벗어나 새로운 시각 정립이 필요하다. 흉노와 같은 유목민들이 동서양의 문화 교류에 중요한 역할을 담당했다는 점을 주목하여 "'매개자'나 '전달자'로서 유목민의 역할만이 강조되면서, 이들이 독자적 문화를 가지고 있는 주체라는 점이 간과되어 온 경향이 있다. 따라서, 미지의 영역으로 남아 있는 유목 제국 흉노의 문화를 복원하는 데에 고고학 조사가 갖는 의미가 클 수밖에 없다."(국립중앙박물관 d. 2017, 14) 놀랍게도 우리가 의외의 것을 흉노와 공유하고 있다. 우리 민족의 최대발명품 온돌의 기원을 2500년 전 연해

주 남옥저 흉노 유적지에서 찾을 수 있다.[16] 어쨌든 흉노의 연구과 흉노문화 복원은 우리 문화의 수수께끼를 추적하는 데 여러모로 도움이 된다.

16 강인욱의 북방 역사 기행 〈50〉「흉노가 좋아했던 옥저인의 온돌」, 국제신문(2009-03-19), http://www.kookje.co.kr/news2011/asp/newsbody.asp?code=2500&key=20090320.22032202132 (검색일: 2020년 9월 20일)

제3장

비잔틴 제국(Byzantium)과 실크로드

나 인 호(대구대학교 역사교육과 교수)

1. 어째서 비잔틴 제국인가?

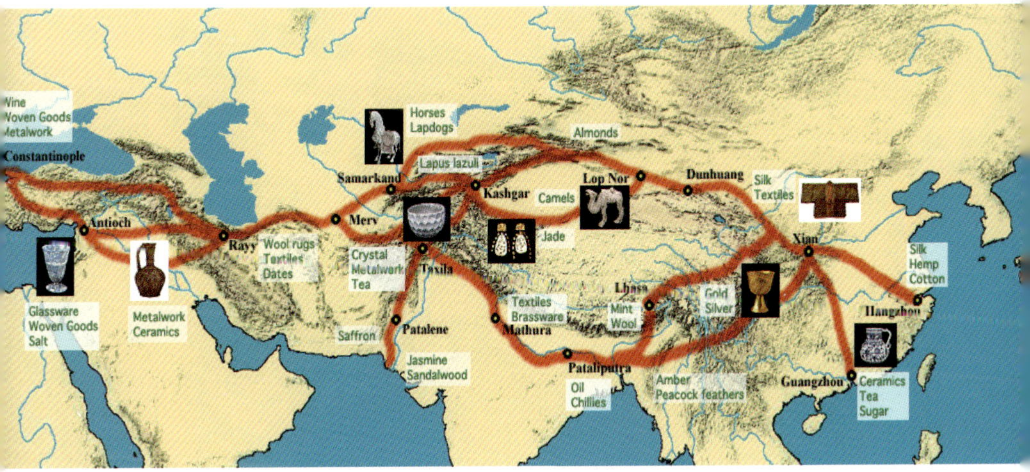

실크로드는 고대에서 중세에 이르는 시기 동안 가장 중요한 동서 간 교역 및 문화적 교류의 통로였다. 실크로드는 동쪽으로는 신라의 경주에서부터 시작된다. 이 가운데 몇몇 거점 도시를 언급하자면, 위의 그림에서 보다시피 중국의 항조우 및 광조우, 당의 수도였던 장안(시안)을 거쳐 서쪽으로는 시리아 지역의 안티오크, 마침내 콘스탄티노플에 이르게 된다. 콘스탄티노플은 원래 고대 그리스의 요새였던 비잔티움(Byzantium)이라 불린, 아시아와 유럽을 가르는 보스포루스 해협에 있는 작은 도시였다. 그러나 4세기 중엽(정확히는 330년) 로마 제국 황제 콘스탄티누스는 이 도시를 제국의 새로운 수도('새로운 로마')로 삼아 자신의 이름을 따서 콘스탄티노플(그리스어로는 콘스탄티노폴리스)이라 명명하고, 명실상부 제국 제1의 도시로서 발전시켰다. 이후 콘스탄티노플은 특히 6세기 고대 말에서 9세기 중세 초기 동안 실크로드의 역사에서 매우 중요한 역할을 하게 되었다.

콘스탄티노플

서로마 제국이 멸망한 5세기 중엽 이후에도 로마 제국의 동쪽 지역은 살아남아 1453년 오스만 제국에게 멸망 당할 때까지 1000년여 간 존속했다. 이 동로마 제국은 당대에는 '로마 제국'이라 불렸으나 멸망 이후로는 '비잔티움', 즉 비잔틴 제국이라 불린다. 앞서 언급한 콘스탄티노플은 명실상부 비잔틴 제국의 정치·경제·문화의 중심지로서 사실상 비잔틴 제국의 역사는 곧 콘스탄티노플의 역사라 해도 과언이 아니다. 그러나 비잔틴 제국의 영토는 오늘날 이스탄불이라 불리는 이 도시 이외에도 오랫동안 실크로드의 또 다른 거점 도시 안티오크와 흑해 연안 크림 반도의 헤르손(Cherson/Kherson)등을 포함하고 있었다. 따라서 비잔틴 제국 전반이 실크로드의 역사에서 차지하는 중요한 역할을 아무리 강조해도 지나치지 않을 것이다. 본 강의는 먼저, 서유럽 역사에 비해 국내에 거의 알려지지 않은 비잔틴 제국의 역사를 살펴보고, 다음으로 이 제국이 동서 교류의 역사에서 어떤 역할을 했는가를 살펴보고자 한다.

2. 간략히 본 비잔틴 제국의 역사

비잔틴 제국은 로마 제국의 동서 분할로부터 시작된다. 3세기에 들어와 '팍스 로마나(로마의 평화)'를 구가하던 로마 제국은 몰락의 길을 걷게 되었다. 이른바 '군인황제' 시대라는 쿠데타와 내전의 시대가 도래했기 때문이다. 그러나 3세기 말 몰락의 길에 선 제국을 개혁하여 부국강병을 이루려는 개혁 황제가 등장하였으니, 그가 디오클레티아누스(재. 284~305) 황제이다. 그가 시도한 개혁 정책 가운데 우리의 맥락에서 가장 중요한 것은 당시 심화되어 가던 제국의 해체 현상을 막기 위한 강력한 중앙집권화 정책이다. 그는 황제단을 구성하여 제국의 동과 서를 분할 하여 각각 두 명의 황제(Augustus)와 두 명의 부황제(Caesar)가 다스리게 하였다. 이어 등장한 콘스탄티누스 황제(306~347)는 개혁의 일환으로 기독교를 공인했고, 수도를 콘스탄티노플로 옮겼다. 그의 사후에는 그의 아들들이 공동 황제가 되어 제국을 분할 통치하였다.

디오클레티아누스 황제와 콘스탄티누스 황제

이후 로마 제국은 정치적으로 동과 서로 분할되기 시작했으며, 4세기 후반 테오도시우스 1세 황제에 이르러 제국의 동서 분할은 확고한 것이 되었다. 이처럼 비잔틴 제국의 시작은 4세기부터라고 할 수 있다. 로마 제국의 동쪽 지역은 서쪽과 비교해 볼 때 문화적으로 선진 지역이었다. 이 지역은 헬레니즘 문화의 중심지였을 뿐만 아니라, 고대 메소포타미아 및 이집트 문명의 유산이 강한 지역이었다. 아테네, 안티오크, 알렉산드리아 등지에는 철학, 의학, 수사학으로 유명한 전통 있는 대학들이 있었고, 425년 이후로는 정부 주도로 콘스탄티노플에 대학이 건립되어 새로운 고등교육의 중심지로 발전했다. 또한, 이 지역은 서쪽보다 부유했다. 수많은 도시에서 상공업이 번성했던 경제적 중심지였다. 종교적으로도 기독교 공인 이후 만들어진 5대 교구 중 로마 교구를 제외하면, 4대 교구가 이 지역에 있었고, 신학적으로도 서부보다 수준이 높았다. 이러한 바탕 위에서 비잔틴 제국은 고대 말부터 중세 말에 이르기까지 서유럽보다 월등한 문명을 이루고 있었다.

기원후 4세기 경의 동서로마제국

476년 서로마 제국이 멸망하자 이제 비잔틴 제국은 유일한 '로마 제국'이 되었다. 이후 비잔틴 제국은 끊임없는 외세의 침략, 피비린내 나는 음모와 권력 투쟁, 사회적 갈등과 소요 등에도 불구하고 15세기까지 존속하였다. 서유럽 역사가들은 이런 비잔틴 제국의 역사를 '서서히 몰락해간 정체된' 역사로 치부하려는 경향이 있다. 그러나 비잔틴 제국의 역사는 번영과 쇠퇴가 교차 된 매우 역동적인 모습을 보였다. 이를 대략 네 시기로 나누어 언급해보자.

⑴ 제1기: 5세기~6세기 말/7세기 초

비잔틴 제국은 이 시기에 몇몇 이민족과 전쟁을 하면서 정치와 군사 조직을 정비하고 경제적 기반을 확립하여 제국의 영토를 확대했다. 특히 유스티니아누스(527~565) 대제 때 비잔틴 제국의 영토는 과거 로마 제국에 버금가는 수준으로 확대되었다. 그는 장군 벨리사리우스를 파견하여, 곡창지대 북아프리카를 점유한 반달족을 궤멸시키고, 이어서 동고트족을 완전히 진압하였으며, 스페인의 서고트왕국을 공격하여 영토 일부를 탈환함으로써, 서로마 제국의 영토를 상당 부분 되찾았다. 이와 더불어 경제적으로도 번영을 누리는 가운데, 인구도 증가했다. 당시 콘스탄티노플의 인구는 100만으로 추산되는데, 이는 아마도 세계 최대였을 것이다.

기원후 6세기 유스티니아누스 대제 시기의 비잔틴 제국 영토

유스티니아누스 대제는 비잔틴 제국 역사상 가장 위대한 황제라고 할 수 있다. 앞서 언급한 대외적 업적 이외에도 528년에는 <로마법 대

전> 혹은 <유스티니아누스 법전/Codex Justinianus>이라 불리는 법전을, 530년에는 <법령집>, <개요집>을 편찬함으로써 로마법을 집대성하였다. 또한, 그는 성 소피아 성당('아야 소피아')을 건축함으로써 비잔틴 양식을 출현시켰다. 그는 경제적으로 비잔틴 제국을 비단 생산국으로 만드는 등 산업을 발전시켰다. 그의 부족한 점은 황후 테오도라에 의해 메꿔졌다. 그녀는 비천한 창녀이자 배우 출신이었지만 여장부다운 면모를 발휘하여 황제가 처한 위기 상황을 극복할 수 있게 했으며, 자비로운 면모 또한 발휘하여 황실을 발전시키는 데 큰 역할을 하였다.

그의 후계자들 역시 이민족의 침략에 효과적으로 대응하여 제국을 지켜냈다. 황제들은 '콘스탄티노플 장벽'을 이용하여 아시아 계통의 유목민 아바르 족의 침략을 효과적으로 막아냈다. 특히 627년 헤라클리우스 황제는 사산조 페르시아와의 전쟁에서 승리하여 한동안 잃어버렸던 시리아, 팔레스타인, 이집트를 되찾았다. 얼마 뒤 아랍-이슬람 세력이 침입하기 직전까지도, 제국은 여전히 거의 정복될 가능성이 없을 만큼 강력했다.

유스티니아누스 황제 모자이크 - 테오도라 황제비 모자이크 - 헤라클리우스 황제

비잔틴 양식의 성 소피아 대성당(아야 소피아)

⑵ 제2기: 7세기 전반~9세기 전반

그러나 이 시기에 들어와 비잔틴 제국은 쇠퇴하였다. 대외적으로 새로운 강력한 적수인 아랍-이슬람 세력이 등장하여 시리아와 팔레스타인, 이집트를 정복했다. 이후 시리아의 안티오크 주변을 제외한 이 지역은 제국의 영토에서 영원히 사라졌다. 한편 북쪽에서는 슬라브족 계통의 불가리아인들이 제국을 위협했다. 그 후 2세기 동안 제국은 남쪽 이슬람 세력과 북쪽 슬라브 족의 공격을 막아내기 위해 싸워야 했다.

대내적으로도 이 시기는 정치·종교·사회적으로 위기와 분열, 그리고 혼란으로 점철된 나날이 계속되었다. 이슬람 세력에 맞서려는 방편으로 레오 3세(717~741)는 730년 성상 파괴령을 내렸고, 이후 제국은 성상 숭배주의자들과 성상 반대주의자들 간에 피비린내 나는 싸움이 계속되었다. 또한, 성상 파괴령은 로마 교회와 프랑크 왕국이 밀접히 결합하는 결과를 가져와 마침내 프랑크 왕 샤를마뉴가 새로운 (서)로마 황제의 자리에 오르게 되었다. 이후 제국의 서유럽에 대한 정치적 영향력은 급격히 쇠퇴했으며, 로마 가톨릭과 그리스 정교회라는 동서 교회의 분열이 초래되었다.

레오 3세가 즉위한 717년에서 867년까지는 '성상 파괴의 시대'라고 명명된다. 그만큼 성상 파괴령이 가져온 여파는 오래갔다. 특히 문화적으로 이 시기는 '암흑시대'라고 불린다. 많은 수도원이 파괴되었으며, 대학을 비롯한 교육 기관들의 질적 저하가 심각한 수준에 이르렀다. 관료들은 이전 시대와 비교하면 읽기와 쓰기 능력이 현저히 저하되었다. 나아가 6세기 유스티니아누스 시대에 황금기를 맞았던 비잔틴 양식의 건축물과 모자이크 양식의 미술 작품의 생산이 저하하였으며, 문학 또한 양적·질적 하락을 겪었다. 이후 즉위한 황제들은 이레네 여제와 같이 권력을 위해 자기 아들을 장님으로 만들 만큼 악독하거나, 니케포루스 1세와 같이 적(불가리아 인)에게 살해되어 그의 두개골이 적의 왕의 술잔이 되거나, 미하일 3세처럼 술주정뱅이였다.

한편, 이 시기에 이르기까지 비잔틴 문명의 특징이 확립되었다. 흔히 비잔틴 문명의 3대 요소로서 효율적인 관료제를 갖춘 중앙집권적 정부, 그리스어, 그리스 정교를 꼽는다. 이미 동서 로마가 분열될 당시 동부 지역은 당시 교양인의 언어였던 그리스어가 우세했다. 물론 6세기까지 공식 언어는 아직 로마인의 언어인 라틴어였다. 그러나 유스티니아누스 황제는 라틴어를 말한 마지막 황제였으며, 그의 사후 50년 뒤인 7세기 초가 되면 제국 궁정과 정부는 그리스화 되었다. 또한, 이 시기를 지나면서 제국 내에 수많은 슬라브 계통의 인구가 정주함에 따라, 제국은 슬라브화 되기 시작하였다. 한마디로 이 시기 이후 비잔틴 제국은 로마 문명의 그리스적 요소+근동 지방의 동방적 요소+슬라브적 요소의 혼합으로 이뤄진 국제적 성격을 지니게 되었다. 중앙집권적 정부와 그리스어, 그리스 정교가 이러한 문화적 상이성을 하나로 통합시킨 효과적 기제로 작용했다.

왼쪽: 레오 3세, 오른쪽: 대표적인 성상

(3) 제3기: 9세기 후반 ~11세기 중엽

이 시기는 867년에서 1025년까지 존속한 마케도니아 왕조에 의해 특징지어진다. 마케도니아 왕조를 대표하는 강력한 지도자 바실리우스 1세와 바실리우스 2세는 6세기에 버금가는 중흥을 이룩하였다. 이 시기는 유럽 최고의 경제력·군사력·문화를 발달시킨 황금시대였다. 이런 맥락에서 혹자는 이 시기 비잔틴 제국은 군사력, 정치력, 상업적인 힘에 있어서 세계최강이었다고 평가하기도 한다. 나아가 이 시기에는 이전 시기의 문화적 암흑기에서 르네상스가 일어나 찬란한 문화를 꽃피웠다. 수많은 그리스 고전들, 그리스어로 된 교부신학자들의 저작들이 필사되어 보존되고 연구되었으며, 학교 교육의 질도 향상되었다. 또한, 그리스 정교는 이 시기에 유럽의 슬라브 계통의 여러 나라에까지 그 영향력을 확대해 나갔다. 특히 바실리우스 2세는 유스티니아누스 시대 이후 잃어버렸던 영토를 다시 회복했다. 이 시기에 콘스탄티노플은 인구가 약 50만 명으로 6세기에 버금갈 정도로 번영을 누렸다.

마케도니아 왕조를 연 바실리우스 1세

'불가리아인의 학살자' 바실리우스 2세

바실리우스 2세 재위 마지막 해(1025년)의 비잔틴 제국

(4) 제4기: 11세기 후반~15세기 중엽

이 시기 동안 비잔틴 제국은 몰락의 길을 걸었다. 무능한 황제들, 속주들을 지배하는 강력한 귀족(총독) 세력의 우세, 중앙집권 능력의 약화 등이 이 시기의 정치적 특징이다. 그러나 무기력한 황제들의 무능한 정치에도 불구하고 11세기, 나아가 12세기 말까지도 비잔틴 제국의 경제적 부유함은 유지되었고, 위대한 지성과 문화의 꽃은 아직 활짝 피어 있었다. 그럼에도 불구하고, 무능한 황제들의 군대 축소 정책, 방만한 정부 경영으로 인해 제국의 재화는 지속적으로 고갈되었고, 부패가 만연하였다. 마침내 사방에서 외세가 침략하자 제국은 속수무책으로 빠르게 몰락해갔다. 서쪽에서는 노르만족(바이킹), 동쪽에서는 투르크족이 쳐들어와 소아시아 등 제국의 영토를 빼앗았다. 1204년에는 십자군(제4차 십자군)이 콘스탄티노플을 정복하여 라틴 제국의 지배하

에 두었다. 60년 뒤 비록 콘스탄티노플을 탈환하고, 비잔틴 제국의 재도약이 일어나긴 했지만, 강력한 투르크 세력(오스만 제국)의 공격은 계속되었다. 그 결과 15세기 초가 되면 비잔틴 제국의 영토는 작은 도시국가 정도로 축소되었다. 드디어 1453년 봄 콘스탄티노플은 오스만 제국에 의해 멸망하고 말았다.

1450년경의 비잔틴 제국

3. 동서교류와 비잔틴 제국

비잔틴 제국은 동서 교류의 역사, 즉 실크로드의 역사에서 어떤 역할을 했을까? 먼저, 비잔틴 제국은 실크로드와 지중해 무역로, 동유럽 및 북해 무역로를 결합한 교역 허브의 역할을 했다. 콘스탄티노플을 중심으로 남쪽으로는 아프리카, 서쪽으로는 서유럽과 북유럽, 동쪽으로는 근동 지방과 인도, 나아가 중국이 이 국제적 교역 허브의 자장(磁場) 안에 포함되어 있었다.

다음으로, 비잔틴 제국은 사치품 무역을 통해 동서 간의 경제 및 문화 교류에 이바지하였다. 제국이 정치적으로는 쇠퇴기였으나, 아직 경제적·문화적으로는 전성기를 구가하던 1180년경 프랑스의 연대기 작가 조프루아 드 빌라르두앵은 콘스탄티노플을 방문했다. 그는 이 도시에는 서로 다른 언어를 쓰고 각양각색의 옷차림을 한 6만여 명의 외국인이 장사를 하고 있었으며, 갖가지 일상용품은 물론 값비싼 비단, 아름다운 보석, 오색으로 빛나는 칠보 금속 공예품, 섬세하게 조각된 상아, 향수, 향료, 가죽 제품들이 넘쳐났다고 하면서, 이 도시의 부유함에 감탄하고 있다.

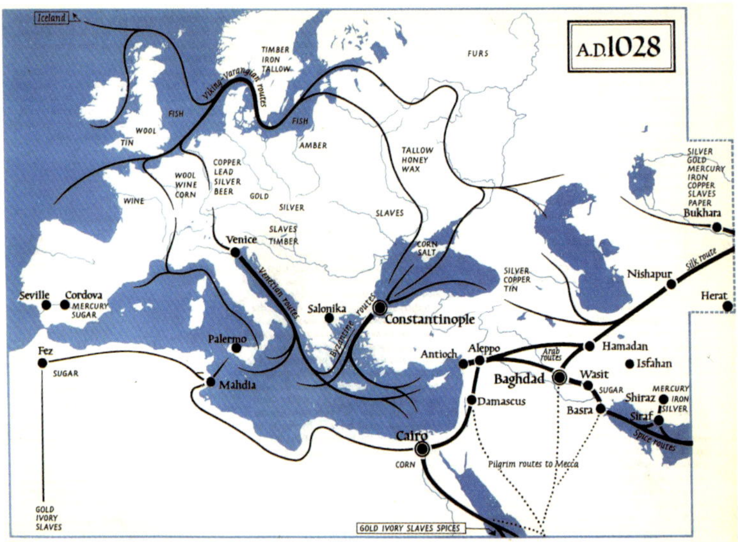

기원후 1028년, 비잔틴 중심의 각종 무역로

그중에서도 가장 중요했던 품목은 비단이었다. 고대 로마 제국 이래 중국에서 전해진 비단은 가장 인기 있는 상품이었다. 그러나 정치적으로 적대 관계에 있던 페르시아의 상인들은 비단을 너무나 비싼 값에 팔았고, 이에 6세기 유스티니아누스 대제는 누에 알을 밀수입하여 비단을 생산하기 시작했다. 이제 비잔틴 제국은 비단 수입국에서 비단 생산국, 나아가 지중해 최대의 비단 수출국으로 변모했다. 이후 비단 산업은 국가 기간산업으로 발전했다. 정부는 비단의 수출입을 엄격히 통제했으며, 직조기술도 꾸준히 향상하게 하여 14세기에 이르러서는 은실과 금실이 섞인 세련된 브로케이드(금색과 은색의 비단)가 발달하였다.

비잔틴 브로케이드

지중해, 동유럽, 북해와 실크로드를 잇는 국제 무역의 허브 비잔틴 제국이 생산한 또 다른 대표적 사치품은 금은 세공품이었다. 비잔틴 제국의 금화는 1000년 동안 (유럽 및 지중해 지역의) 국제 외환의 표준으로 사용되기도 했지만, 귀금속으로 만든 다른 물건들도 시장에서 현금과 똑같은 가치를 인정받았다. 정부는 금은의 순도를 엄격히 규정하여, 질 높은 금과 은으로 만든 접시와 성배 등이 생산되었다. 그러나 무엇보다 제국이 자랑하는 최고의 금속 공예는 금과 보석으로 치장한 칠보 공예였다. 이와 함께 상아로 만든 세공품 또한 제국이 자랑하는 대표적인 사치품이었다. 콘스탄티노플에서는 인도와 아프리카에서 수입한 상아가 광범위하게 유통되었다. 이를 이용한 상아 책표지, 패널, 상자 등이 제작되었으며, 접을 수 있는 상아 딥티크(diptych)처럼 개인용 예배 물건이 상품화되었다.

좌: 베네치아 성 마르코 대성당의 칠보 공예 향로
우: 상아 딥디크: 성모 마리아

사치품 무역과 더불어, 비잔틴 제국이 실크로드의 역사에서 담당한 또 다른 역할은 기독교 성물(聖物) 무역이었다. 이는 주로 예루살렘을 비롯한 근동 지역과 콘스탄티노플, 나아가 유럽 나머지 지역 사이의 무역이었다. 그리스 정교회는 비잔틴 제국의 역사의 본질을 이뤘던 종교였다. 황제는 스스로를 '새로운 다윗'이라 칭하고 교회의 우두머리를 자처했다. 외세의 침략이 있을 때마다 비잔틴 사람들은 기독교 인물(특히 성모 마리아)의 성스러운 유물이 자신들을 보호하는데 도움을 준다고 믿었다. 이러한 성물 숭배는 비잔틴 제국에만 한정된 것은 아니었으며, 프랑크 왕국과 같은 서유럽 게르만 왕국들에게서도 마찬가지였다. 성물에 대한 이러한 믿음은 결과적으로 기독교 유물, 특히 이스라엘의 성지에서 더 많은 것을 얻으려는 열망으로 이어졌다. 성물은 권력과 정치적 정당성, 그리고 부를 위한 확실한 담보물이었다. 황제는 예루살렘과 같은 근동의 여러 곳에서 예수가 실제 매달렸던 참 십자가 등과 같은 성물을 획득했고, 순례자들은 이러한 성물들을 찾기 위해 근동 지역 여러 곳을 여행했다.

참 십자가를 찾아오는 헤라클리우스 황제

마지막으로 비잔틴 제국은 실크로드의 역사에서 중요한 문화적 기여를 했다. 중국에서는 경교(景敎)라 불린, 네스토리우스파 기독교의 수출이 그것이다. 428년 콘스탄티노플 주교가 된 네스토리우스는 그리스도의 인성과 신성을 명확히 구별할 것을 주장하면서, 그리스도의 인성을 강조하는 경향을 보였다. 그의 특징적인 교리는 마리아가 낳은 예수는 하나님으로서의 예수가 아니라, 인간으로서의 예수였다는 것이다. 이 교리에 대해 알렉산드리아 주교이자 예수의 신성만을 강조하는 단성론자인 시릴(키릴루스)은 통렬한 공격을 하였고, 마침내 에페수스 공의회(431년)에서 "하나님의 어머니" 마리아라는 전통적 신조가 재확인되었고, 네스토리우스 파는 이단으로 판정받아 추방되었다.

이때 네스토리우스의 추종 신자들은 제국을 떠나 페르시아에 정착하였고, 결국에는 아시아 전역에 흩어져, 7세기에는 중국(당), 나아가 신라에까지 진출하게 되었다. 당시 당의 수도 장안(시안)에는 대략 3000명 정도의 경교 신자와 여러 경교 교회가 있었던 것으로 추정되나, 853년 당 조정은 경교를 포함한 모든 외래 종교를 금함으로써 더 이상의 포교는 불가능했다. 이로 인해 신라에서도 경교의 안정적인 포교는 불가능했을 것이다.

좌: 네스토리우스
중: 시안 비림박물관의 대진경교유행중국비
우: 가운데 사진 윗부분을 확대한 것

이상과 같이 실크로드는 비잔틴 제국이 오랫동안 세계 제일의 국제적 문명 중심지 가운데 하나로 존속할 수 있게 한 원천이었다. 그러나 동서교류의 허브 역할을 했던 이 제국에게 실크로드가 언제나 긍정적으로 작용한 것은 아니었다. 6세기 비잔틴 제국은 이른바 '유스티니아누스 역병'(페스트)이라는 팬데믹을 겪었다. 이 대규모 전염병으로 인해 콘스탄티노플은 인구의 40% 정도가 사망하는 재앙을 겪었다. 마치 오늘날의 코로나 팬데믹을 연상케 하는 이 전염병의 발원지 및 전파 경로에 관해서는 두 가지 설이 있다. 첫째는, 동아프리카에서 발원하여 이집트를 경유 하여 콘스탄티노플로 퍼졌고, 이후 콘스탄티노플을 매개로 한편으로는 실크로드를 따라 소아시아 및 근동 지방으

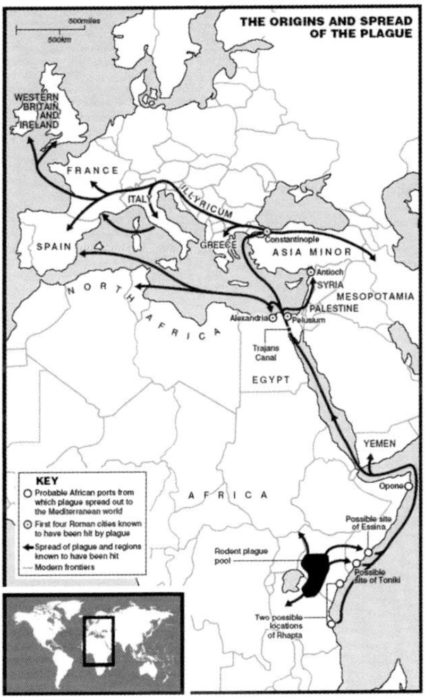

6세기 페스트의 발원과 전파경로

로, 다른 한 편으로는 지중해 무역로를 따라 서유럽 전역에 확산했다는 설, 둘째는, 중앙아시아 혹은 중국에서 발원하여 실크로드를 따라 근동, 이집트, 마침내 콘스탄티노플을 휩쓸었고, 곧 지중해 무역로를 따라 유럽 전역에 확산하였다는 설이 그것이다.

그러나 확실한 것은 비잔틴 제국은 전염병의 세계적인 확산에서도 동서 교류의 허브 역할을 했다는 것이다.

실크로드 종교의 한 모델로서의 경교[1]

이 인 경(계명대학교 Tabula Rasa College 교수)

시안에서 <대진경교유행중국비>를 만나다

중국 시안(西安)의 비림(碑林) 박물관에는 당대(唐代) 경교(景教)의 존재를 실증적으로 보여주는 <대진경교유행중국비(大秦景教流行中國碑)>(이하 경교비)가 소장되어 있다. 1620년대 시안 부근에서 출토된 경교비는 당나라 건중 2년인 781년에 경교 승려 이사(伊斯)가 제안하여, 경교 승려 경

1 이 글은 필자의 논문인 「중국 당대(唐代) 경교(景教)의 수용 및 전개 양상과 신라 전래」(『실크로드, 중국과 한국의 접점을 찾아서』, 계명대학교 실크로드 중앙아시아연구원, 2019)의 구성과 내용에 기초했으며, 일부 내용은 수정·보완했습니다.

정(景淨)이 내용을 서술하고, 종6품 관리 여수암(呂秀巖)이 글씨를 썼다. 경교비에는 경교의 교리, 경교의 역사적 경과, 경교비의 건립 이유 등이 소개되어 있으며, 외형은 불교와 도교의 양식을 반영하여 구름, 여의주, 연꽃 등이 새겨져 있다.

실크로드 현지 인문탐사를 통해 이란과 터키를 거쳐 시안에서 경교비를 만난 필자는 당대에 존재했던 경교의 시공간적 특수성과 전개 양상에 관심을 가지게 되었다. 이는 경교 선교의 성공과 실패에 초점을 맞추어 '결국 소멸하고 말았다'라는 결과의 관점으로 접근한 기존 연구와는 다른 입장이다. 또한 당대 경교의 존재를 근거로 동아시아 기독교 역사의 시작 연대를 좀 더 앞당기려는 기존 연구와도 차별화된다. 당나라 수도 장안(長安, 현재 시안)을 오갔던 신라인들과 소그드인들이 신라에 경교를 전래했을 가능성을 연구하면서 필자의 관심은 한국 기독교 역사의 시작을 신라로까지 앞당기는 데에 있지 않았다. 실크로드의 동쪽 끝을 한국까지 연장하는 데에 경교가 어떤 역할을 했느냐에 있었다. 다만 이 글에서는 경교의 신라 전래 가능성의 근거를 제시하는 것까지만 하려고 한다. 이 글은 경교가 실크로드 종교의 모델이 될 수 있는지를 모색하려는 시도이다. 이를 위해 당대 경교의 수용 과정을 시대적 배경과 관련하여 논의하고, 경교의 전개 양상의 특징을 분석하며, 경교의 신라 전래 가능성의 근거를 다룰 것이다.

경교는 중국 당나라에 수용되어 전개된 기독교를 가리킨다. 수용 초기에는 경교가 아니라 파사교(波斯教) 또는 메시아교(彌施訶教) 등으로 불렸으며, 현종 4년(745년) 칙령에 따라 '대진 경교(大秦 景教)'로 개칭되었다(황정욱 2002, 218; 김호동 2002, 127). 경교라는 명칭의 유래를 경(景)의 의미에서 해석하려는 시도가 있다. 첫째, 경은 빛 또는 광명을 뜻하고, 둘째, 경은 대(大)의 의미를 가지며, 셋째, 불교를 염두에 둔 전략적 명칭이라는 것이다. 당시 장안에 유행하던 불교의 일파인 대일교(大日教)의 세력을 경교 세력의 확장에 이용하기 위해 경교라는 명칭의 함축적 의미가 필요했다는 설명이다(佐伯好郎 1935, 27-28).[2] 즉, 경(景)은 일(日)과 경(京)의 합성어이며 대(大)와 일맥상통하므로, 경교는 '커다란 태양처럼 빛나는 종교'를 의미하며(김호동 2002, 127; 황정욱 2002, 219-220) 'Luminous Religion'으로 번역할 수 있다(정수일 2002, 95; 이수연 2015, 141-142). 다른 한편, 경교라는 이름은 큰 빛 또는 태양이 오는 곳인 동방교회라는 의미를 한자로 번역한 것으로 보는 견해도 있다(황정욱 2002, 220).

경교는 네스토리안 기독교라고 불리기도 한다. '네스토리안(Nestorian)'이라는 표현은 거의 모든 교회에서 부정적인 의미로 사용되어 왔다. 왜냐하면 에페소 공의회(431년)와 칼케돈 공의회(451년)에서 네스토리우스의 주장과 그 주장에 동의하는 사람들이 이단으로 정죄되

2 황정욱 2002, 220에서 재인용.

었으며 네스토리우스는 파문당했기 때문이다. 중국 당대에 들어온 경교 선교사 알로펜(阿羅本)은 아시리아 동방교회(Assyrian Church of the East, 이하 ACOE)의 총대주교좌가 있던 셀레우키아-크테시폰(Seleucia-Ctesiphon)에서 파송한 선교사였다. 이처럼 중국 당대에 전래된 경교는 아시리아 동방교회에서 기원한 것이므로, 경교를 네스토리안 기독교라고 부르는 것은 아시리아 동방교회가 네스토리안 기독교라는 뜻이다. 그러나 아시리아 동방교회가 네스토리안 기독교로 불리게 된 것은 네스토리안 논쟁에 대한 공의회의 결정과 그로 인한 형세 변화 때문이다.

'네스토리안'이라는 수식어를 아시리아 동방교회와 연결시키는 것은 오류이다. 왜냐하면 첫째, 428년에서 431년까지 콘스탄티노플의 총대주교였던 네스토리우스는 아시리아 동방교회를 세우지 않았기 때문이다. 둘째, 네스토리우스는 아시리아 동방교회에서 일한 적이 없기 때문이다. 셋째, 아시리아 동방교회는 네스토리우스를 교부 중의 한 명으로 인정하기는 하지만, '네스토리안'이라는 표현을 자신들에게 붙이는 것을 반대해 왔다. 아시리아 동방교회의 교리는 네스토리우스의 주장에 기초한 것이 아니라, 오히려 타르수스의 디오도루스(Diodore of Tarsus)와 특히 몹스에스티아의 테오도로스(Theodore of Mopsuestia)의 사상에 뿌리를 두고 있기 때문이다(바우머 2016, 31-32).

로마 제국의 식민지 유대-팔레스타인에서 예수 운동으로 시작된 기독교는 초기에 로마의 박해를 받았다. 일부 기독교인들은 로마의 박해를 피해 메소포타미아 지역으로 이주하였는데, 그 지역의 파르티아 제국(Parthia, B.C. 247-A.D.224)은 적대국 로마의 박해를 피해 이주한 기독교인들을 환영하고 신앙의 자유를 보장했다. 이 기독교인들이 아시리아 동방교회의 시작이었다(이수연 2015, 141; 바우머 2016, 8-9). 한편 기독교를 박해하던 로마가 4세기 초에 기독교를 합법 종교로 인정하고 4세기 말에는 국가종교로 공인함으로써 로마 제국교회가 탄생했다. 로마 제국교회는 콘스탄티노플 총대주교인 네스토리우스(Nestorius) 중심의 안디옥 학파와 키릴로스(Cyril) 중심의 알렉산드리아 학파가 주도했다. 이들 사이에 기독론과 마리아의 호칭에 대한 신학적 논쟁인 소위 '네스토리우스 논쟁'이 벌어졌는데, 에페소 공의회(431년)는 네스토리우스의 해석을 이단으로 단죄하고 네스토리우스를 파문했다. 또한 칼케돈 공의회(451년)도 네스토리우스의 신학적 주장에 동의하는 네스토리우스파를 이단으로 단죄했다. 결국 네스토리우스파는 사산 제국(Sassanian Persia, 224-651)으로 망명하여 아시리아 동방교회와 합류했다. 그 후 제2차 콘스탄티노플 공의회(553년)는 아시리아 동방교회를 이단으로 단죄했다(이수연 2015, 141-142; 바우머 2016, 22).

로마는 기독교를 국가종교로 공인하고 제국 통치의 이데올로기로 채택했다. 로마 황제들은 기독교 내의 다양한 주장들이 서로 공방하고 사분오열하는 것이 국가 통치와 운영 및 자신의 권력 유지에 도움이 되지 않는다고 판단했다. 그러한 판단은 황제들의 개인적 신앙심이나 선호도 그리고 친분관계 등과는 별개의 문제였다. 황제들은 공의회를 소집하고 자신의 의도대로 공의회의 결론을 유도하고 강제했다. 교회의 주교들도 국가와 교회 관계의 주도권이 국가(황제)에 있다는 현실을 인식하고 오히려 그 역학관계를 이용하여 자신들의 기득권을 유지하고 반대파를 제거했다. 황제들과 주교들은 공의회 자체가 가지고 있는 의미인 합의라는 절차와 형식을 갖췄지만, 각자의 목적을 위해 공의회를 소집하고 참석하여 결정을 내렸던 것이다. 그 결정에 따라 패배한 주장과 그룹들은 이단으로 정죄되고 배제된 반면, 승리한 주장과 그룹들은 독점적인 지위를 차지했다(이인경 2018, 185).

현재는 네스토리우스와 네스토리우스파에 대한 이단 낙인과 파문이 철회되었다. 네스토리우스에 대한 이단 낙인이 잘못된 것이라는 마르틴 루터의 주장을 시작으로, 아시리아 동방교회와 로마가톨릭교회가 서로에 대한 파문을 철회했다. 또한 양측 기독론을 타당한 것으로 인정하는 '그리스도론에 관한 공동선언'(1994년)을 함으로써, 경교는 이단이라는 비난과 낙인으로부터 자유로워졌다(이수연 2015, 143-144; 바우머 2016, 30; 양씨난 2018, 105).

당의 종교 정책과 경교의 수용

당나라(618-907)는 중국 역사의 황금기라고 평가된다(황정욱 2005, 66; 추아 2008, 110; 바우머 2016, 326). 당은 주변의 모든 나라들과 교역하고 있었다. 동쪽으로는 신라와 일본, 남쪽으로는 인도차이나와 인도네시아, 남서쪽으로는 티베트와 네팔과 인도, 서쪽으로는 소그디아와 이슬람 칼리프 왕국, 그리고 멀리는 비잔틴 제국과도 교역하는 등 300개가 넘는 나라 및 지역들과 공식적으로 교류했다고 알려져 있다. 특히 태종(626-649)은 국경을 맞대고 있던 서돌궐과 동돌궐을 정복함으로써 투르키스탄을 통과하는 실크로드를 당의 지배와 통제 하에 두었다(황정욱 2005, 65-66; 추아 2008, 120; 바우머 2016, 326). 이에 따라 사람들과 물건들과 문물들이 실크로드의 각 지역에서 장안으로 들어왔다.

태종의 통치기는 중국 역사상 종교 다원주의가 융성했던 시기였다. 태종은 불교뿐만 아니라 서역의 외국인들이 들여온 낯선 종교들까지 기꺼이 수용했다. 태종의 이러한 정책은 당을 세운 고조(618-626)의 친유억불(親儒抑佛) 정책과 상반되는 것이었다. 태종은 아버지 고조의 억불정책을 폐기하고 도리어 불교 사원을 건축했으며 3천명의 불교승을 임명했다. 태종 자신이 황제가 될 때 불교승의 도움을 많이 받았기 때문이었다. 태종은 불교와 도교에 대해 관용적이었으며, 다른 외래종교에 대해서도 개방적이었다(황정욱 2005, 64; 추아 2008, 123).

당시 장안의 인구는 100만 명이 넘었으며, 여러 나라 사람들이 상인구역을 형성하여 거주하고 있었고, 다양한 종교들이 전래되어 종교 사원들이 외국인 상인구역에 세워졌다. 외국인들이 모여 살았던 장안의 서시(西市)에는 조로아스터교, 마니교, 유대교, 이슬람교, 경교 등 서역에서 들어온 종교들의 사원에서 종교 의식이 거행되었다. 당나라는 여러 종교들이 공존하고 다양한 신들 덕분에 나라가 풍요로워진다고 생각했는데, 이는 외교를 관장하는 예부에서 새로운 종교를 검열하는 과정을 거친 종교에 한해서였다. 예부에서 새로운 종교가 국가와 사회에 위험한지 여부를 심사하고 난 후, 당국에서는 새 종교의 허용 범위를 나라 전체로 할지, 외국인 상인구역에 한정할지, 완전금지할지를 결정했다(추아 2008, 123; 바우머 2016, 327). 외국인 상인구역에 한정된 서역의 다른 종교들과 달리, 경교비에 의하면 경교는 나라 전체에 허용된 것으로 보인다.

개방적이고 관용적인 당대에 수용되어 전개된 경교는, 아시리아 동방교회에서 파송된 선교사 알로펜과 그 일행 21명이 정관 9년(635년) 장안에 도착하여 태종의 선교 허가와 지원 하에 활동을 시작했다. 태종은 정관 12년(638년) 장안 의녕방(義寧坊)에 경교 예배당을 세우도록 하고, 알로펜과 그 일행 21명에게 성직자의 신분을 법적으로 부여했다. 태종의 뒤를 이어 고종(649-683)도 경교의 선교활동을 적극 지원했다.

경교의 이러한 수용 과정에 대해 당시의 시대적 배경과 관련한 몇 가지 설득력 있는 논의들(조성우 1998, 187-212)을 정리하면 다음과 같다. 첫째, 알로펜과 그 일행을 맞이하는 태종의 조치와 태도를 볼 때, 알로펜 일행이 당에 오기 이전에 경교가 중국에 이미 알려져 있었다. 사산 제국에 속해 있던 아시리아 동방교회의 본부가 알로펜 선교사 일행을 파송한 것은 사산 제국의 대내외적인 위기에 대응하여 당나라에 선교 거점을 확보하려는 의도로 보이기 때문이다. 또한 태종이 알로펜 일행을 외교사절로 대우하여 맞이한 점을 봐도 그 이전에 비공식적으로 어떤 형태로든지 접촉이 있었을 것으로 추정된다는 것이다. 둘째, 경교의 수용 초기부터 당 황실이 경교를 우대한 것은 당의 대외정책의 일환이었다. 당으로서는 중앙아시아의 정세 변화에 대한 정보를 경교로부터 얻을 수 있었기 때문이다. 더구나 경교는 셀레우키아-크테시폰의 총대주교 중심의 체계적인 교단 조직을 통해 서아시아와 교류하고 있었기에, 경교가 외교적으로 유효한 기능을 담당할 것으로 기대되었던 것이다. 셋째, 수용 초기부터 경교는 당 황실에 의존함으로써 교세를 확장하고 보존하려고 했으며, 사산 제국의 유민과 당 사이를 중계함으로써 경교의 입지를 공고히 하고자 했다.

당의 종교 정책과 경교의 수용 과정에 대한 이상의 논의를 종합해 볼 때, 동시대 다른 제국과 비교하면 당나라는 외국인과 외래종교에 대해 개방적이고 관용적이었다. 그러나, 그러한 태도의 이면에는 외래 종교를 종교 그 자체만으로 바라보지 않고 대외정책의 측면에서 인식하는 현실적인 이해관계가 있었다(조성우 1998, 208-209). 또한 경교도 경교를 우대한 당 황실의 의도와 목적을 간파했으며, 이를 이용하여 당 황실의 환심을 사고자 했다. 이렇게 볼 때 경교비는 당 황실과 경교 양쪽의 암묵적인 이해관계가 맞물려서 탄생한 것으로 볼 수 있다. 그러나 경교비의 표면적 내용에는 이러한 이면적 이해관계가 드러나지 않는다. 경교비에는 태종이 경교를 승인한 이유에 대해 다음과 같이 기록되어 있다.

> 그 가르침을 자세히 살펴보니 깊고 오묘하고 꾸밈이 없으며, 그 근본 교리를 고찰해보니 모든 것을 다 갖췄고 그 요지가 분명하다. 가르치는 문구에 번잡한 주장이 없고 이치는 문구를 떠나 내적인 깨달음을 준다. 만물과 사람에게 두루 유익하니 온 나라에 전파돼야 마땅할 것이니라. 주周왕조가 덕을 잃자 노자는 검은 소가 끄는 수레를 몰고 서쪽으로 가버렸고, 세월이 흘러 위대한 당 왕조가 빛을 발하자 경교의 바람이 되돌아 동쪽을 향해 불게 됐다(바우머 2005, 329).

경교비에 따르면, 경교를 승인한 것이 외국 문화와 종교에 개방적인 당의 정책에 부합하는 결정이라는 것이다. 또한 경교를 도교와 연관 지어 이해함으로써 당 황실의 종교적 권위를 높이고자 하는 의도가 담겨 있다(김호동 2002, 130). 이 의도는 당 황실과 경교의 이해관계가 맞닿은 지점이다. 경교비 건립을 허락한 것은 당 황실과 조정이었지만, 경교비의 내용을 작성한 것은 경교 사제 경정이었다. 그러므로 당 황실이 경교를 도교와 연관하여 이해한 것으로 표현된 내용은, 당 황실의 종교적 권위를 세워줌과 동시에 경교의 입장에서는 이를 통해 당 황실의 관심과 호의를 얻으려고 한 것임을 읽을 수 있다. 경교를 승인하기 한 해 전인 정관 11년(637년) 태종이 승니(僧尼)를 도사(道士)와 여관(女冠)보다 하위에 두는 도교존숭(道敎尊崇)의 명령을 내린 바 있다. 경교 측은 태종의 이러한 동향을 파악하여 경교를 도교적 색채로 소개함으로써 당 황실의 지원 하에 교세의 확장을 꾀한 것이다(조성우 1998, 196).

경교의 전개 양상

실크로드학자 정수일은 균형 잡힌 시각으로 경교 전도상(전도 의식과 방법)의 특징을 세 가지로 정리한 바 있다(정수일 2002, 93-97). 첫째, 경교는 토착화되지 못하고 외래종교로 존재했으며, 둘째, 타종교와 융화(타협)했고, 셋째, 정교유착(政敎癒着)의 입장을 고수했다는 것이다. 이 글에서는 정수일의 주장에 기초하여 경교의 전개 양상을 소개한다. 그리고 그 근거 자료와 비판을 추가함으로써 경교의 전개 양상을 분석하고자 한다.

첫째, 경교는 토착화되지 못한 채 여전히 외래종교로 존재했다. 정수일은 그 근거로 경교비의 기록을 제시한다. 경교비에 따르면, 경교 선교사 알로펜을 포함하여 70 여명의 경교 승려 전원의 한문 승명이 기록되어 있기는 하지만 이들은 모두 외국인들이다. 경교가 전래되어(635년) 경교비가 세워지기까지(781년) 150년 동안 경교비에 거명될 만한 중국인 경교 승려가 한 명도 없다는 것이다. 또한 수만 명의 신도가 있었다고 하나, 중국인 평민은 거의 없고 대부분 외국인 상인 또는 군인들이었다고 한다. 그리고 하나의 종교가 교세를 확장해 가는 데에 필수적인 것이 경전인데, 경교의 중국어 번역 경전은 완역이 아니라 편역이었다는 점도 경교가 토착화되지 못한 원인 중의 하나로 제시한다. 정수일의 이러한 주장과 근거가 일면 설득력 있기는 하지만, 그 표현을 수정할 필요가 있다고 생각한다. 경교가 토착화되지 못한 것이 아니라 몇몇 부분에서 토착화되지 못한 것이고, 여전히 외래종교로 존재하였다기보다는 외국인 중심의 종교였다고 해야 할 것이다.

둘째, 경교는 타종교와 융화했다. 그 근거를 다음과 같이 제시할 수 있다.

(1) 경교라는 명칭의 유래이다. 정수일은 경교가 처음 전래되었을 때 '파사교(波斯教)' 또는 '파사경교(波斯經教)'로 불리다가 현종 4년(745년) 칙령에 따라 '대진 경교(大秦 景教)'로 개칭된 것을 타종교와의 융화라고 보았다. 정수일은 그 이유를 설득력 있게 제시하지 못했으나, 사에키(佐伯好郎)의 주장에서 그 이유를 찾을 수 있다. 사에키는 대진 경교라는 명칭이 불교를 염두에 둔 전략적 명칭이라고 주장했다. 이는 당시 장안에 유행하던 불교의 일파인 대일교(大日教)의 세력을 경교 세력의 확장에 이용하기 위해 경교라는 명칭의 함축적 의미가 필요했기 때문이라는 것이다(佐伯好郎 1935, 27-28).[3]

(2) 타종교 용어와 형식과 사상의 수용이다. 그 사례를 경교비와

3 황정욱 2002, 220에서 재인용.

경교 문헌[4]에서 찾아볼 수 있다. 경교비와 경교 문헌에는 경교의 교리적 개념들이 불교, 유교, 도교의 대응 술어로 표현되어 나타난다(정수일 2002, 96; 이수연 2015, 145, 156). 경교는 선교와 교세 확장을 위해 도교의 용어를 사용했으며 불교 경전의 형식을 모방했고 유교의 충효 사상을 강조했다(이경규 2002, 15). 특히 토착화를 위해 불교를 근본체제로 수용했다. 그것은 불교가 외래종교로서 줄곧 중국 바깥의 종교문화 교류를 주도했으며, 당대에도 주변국과의 대규모 교류를 하고 있었기 때문이다. 또한 불교는 이미 중국의 주요종교가 되어 계급을 망라한 모든 사람들의 관심과 존중을 받고 있었고, 그만큼 영향력이 컸기 때문이다. 뿐만 아니라 불교의 체계가 넓고 깊으며 그 내용이 광범위하여 개방적이고 포용적이었기 때문이다(이경규 2003, 115).

경교의 성경 번역은 기독교의 핵심 진리를 발췌하여 번역한 편역이다. 경교 선교사들이 가지고 온 고대 시리아어 성경인 『페쉬타(Peshitta)』의 원문을 그대로 번역한 축자 번역이 아니었다. 또한 경교의 성경 번역은 중국적 가치 및 전통과 충돌되는 성경 내용은 배제하고 중국에 수용 가능한 기독교 교리만 불교와 도교의 개념 및 용어를 차용한 격의(格義) 번역이었다. 경교는 당대 중국인 독자들에게 경교를 효과적이고 알기 쉽게 소개하기 위하여 불교 유입과정 때 사용되었던 격의 번역의 방법을 채택하였던 것이다. 격의란 "불교가 중국에 전래된 동한

4 경교 문헌 중 진품으로 인정된 문서들은 다음과 같다. 『서청미시소경(序聽迷詩所經)』, 『일신론(一神論)』, 『지현안락경(至玄安樂經)』, 『대진경교선원본경(大秦景教宣元至本經)』 (『대진경교선원지본경(大秦景教宣元至本經)』), 『대진경교삼위몽도찬(大秦景教三威蒙度讚)』, 『존경(尊經)』

(東漢)시대에 유가와 도가의 철학적 용어를 차용하여 불교 교리를 소개했던 방법”(이수연 2015, 156)이다.

경교의 개념과 용어에 상응하는 중국어 표현이 존재하지 않아서 격의 번역이 가능하지 않은 경우에는 신조어를 만들었다. 어휘의 음역으로서의 신조어, 의미를 부연 설명할 수 있는 번역어로서의 신조어, 그리고 모방을 통해 생성된 신조어에 이르기까지 다양한 방법으로 신조어를 창제했다(이수연 2015, 157).

경교가 도교의 용어와 형식을 많이 차용하기는 했지만 도교의 영향을 일방적으로 받기만 한 것이 아니라, 경교도 도교의 어휘와 주제와 서사 방식에 영향을 주었다. 도교 개념인 ‘도(道)’가 처음에는 기독교의 ‘말씀(Logos)’을 격의 번역한 차용어로 사용되었지만 점차 기독교 어휘로 자리 잡아서 현재까지 중국어 번역 성경의 핵심적 어휘의 위치를 차지하고 있는 것을 예로 들 수 있다(朱維之 1991, 15-16).[5] 이는 경교와 도교 사이에 습합(習合)이 있었음을 뒷받침하는 근거가 된다.

(3) 경교 유적과 유물에 반영된 타종교의 양식이다. 경교비에는 불교의 고전적인 상징인 연꽃, 도교의 음양 원리를 나타내는 구름과 여의주, 그리고 기독교의 대표적인 상징인 십자가가 한데 어우러져 있다(바우머 2016, 327-328).

---

5 이수연 2015, 158에서 재인용.

(4) 타종교 의례의 수용이다. 예배 때 목탁을 치거나, 고인의 명복을 빌거나, 예배당 안에 인물 초상화를 걸어놓는 것 등은 유교의 조상숭배와 효양주의(孝養主義)의 영향을 받은 것이다(이경규 2002, 97).

이처럼 경교가 타종교와 융화했던 이유는, 외래종교인 경교가 중국 당대에 전래되었을 당시 이미 유불도 세 종교가 사회 전체에 뿌리내려 거대문화와 세력으로 자리 잡고 있었기 때문이다(바우머 2005, 339-340; 이경규 2002, 97).[6] 그것에 대립하거나 변혁하기는 힘들었을 것이다.

셋째, 경교는 정교유착(政敎癒着)의 입장을 고수했다. 경교는 전래 초기부터 당 황실 및 조정과 긴밀한 관계 속에서 황실의 공인과 지원을 받으며 선교 활동을 했다. 황실과 긴밀하게 유착되어 있었던 경교는 예배당에 황제의 초상화를 걸어놓았으며,[7] 황실의 재정적 지원을 받아 예배당을 세웠다.[8] 경교 성직자 이사(伊斯)는 고관의 직위에 오르기까지 했다.[9] 또한 경교비는 경교가 수용된 때부터 경교비를 세우기까지 경교를 보호하고 장려했던 역대 황제들의 치적을 예찬하고 있다(정수일

6 "유교는 국가 이데올로기를 제공하고 사회조직을 구성했으며, 도교는 사람들의 자아개념에 파고들면서 당나라 초기에는 황제들의 후원을 받고 있었다. 또 불교는 나름대로 알로펜보다 500년이나 앞서 장안에 들어와, 도교의 요소들을 받아들인 결과 중국에서 급속하게 퍼지고 있었다."(바우머 2005, 340).

7 "유사에게 명하여 황제의 사진을 그려 사원 벽에 걸어놓으니" (정수일 2002, 101).

8 "고종 황제(649~683)께서 공경하는 마음으로 열조의 예를 따랐다. 참 종교인 경교가 더욱 빛을 내도록 도우셔서 고을마다 경교 예배당을 하나씩 세우고" (바우머 2005, 330-331).

9 "대시주금자광록대부이며 동삭방절도부사이고 시전중감이며 자색가사를 하사받은 승 이사는" (정수일 2002, 103).

2002, 100-103). 경교의 이러한 태도는, 당나라 내부의 경교 토착 기반이 미약한 데다가 경교의 본산인 사산 제국이 패망하여 교단 후원을 전혀 기대할 수 없는 상황에서 살아남기 위한 전략이었다고 평가된다(이현모 2009, 319).

경교의 신라 전래 가능성

당나라는 300개가 넘는 나라 또는 지역들과 공식적으로 교류했으며, 장안은 그 당시 전 세계에서 인구가 가장 많고 가장 다양한 인종이 모여드는 곳이었다. 신라의 사신, 구법승, 유학생, 상인들도 장안을 자주 왕래했다. 당 태종은 외국인과 외국인 유력자들에게 우호적이었다. 그는 신라인 7만 명을 당나라에 받아들였으며 당나라에 정착한 신라 귀족과 관리들에게 벼슬을 내렸다(신형식 2002, 115-136; 추아 2008, 128). 당 왕조 시기(618-907)에 많은 나라들이 당에 사절단을 파견하였는데, 그 중 단일왕조로서 가장 빈번하고 지속적으로 사절단을 파견한 나라는 신라였다. 현존하는 문헌 기록상, 신라 진평왕 43년(621) 처음 견당사를 보낸 이후로 280여 년 동안 178차례에 걸쳐 사절단을 파견했다. 당에 파견된 견당사는 직능별 네 그룹으로 분류된다. 그들은 관인(官人)계층, 선박의 운항을 전담하는 기술직 계층, 사절단의 안전을 담당하던 궁사(弓士)집단, 부정기적으로 참여하던 구법승과 유학생이었다(전영준 2009, 170-171). 이처럼 장안을 오갔던 신라인들은 경교를 알았을 것이며, 경교는 자연스럽게 신라에 전래되었을 것이다. 그러나 그들이 신자로서 포교활동을 했다기보다는 새로운 종교와 사상의 존재를 견문하여 소개하는 정도였을 것으로 짐작된다.

중국에서는 한(漢)나라 이래로 주변 왕국의 왕자들이 숙위(宿衛)로 와 있었다. 숙위로 온 각국 왕자들은 당 조정에서 일종의 의장대 또는 사신으로서 상호교류했던 것으로 보인다. 당나라 때에는 태종이 국학(國學)을 설치하여 유학생을 유치하자 각국에서 유학생들을 경쟁적으로 파견했으며 그 유학생들이 숙위의 역할을 대신했다. 신라도 선덕여왕 9년(640년) 처음으로 왕족을 파견하여 국학에서 공부하도록 했다. 한동안 당과의 관계가 소강상태였다가 성덕왕 12년(713)부터 대당 관계가 정상화되면서 당과의 국가교역이 활발해지고, 도당 유학생도 다시 파견했다(윤완 2004, 87; 김창석 2006, 103; 강나리 2018, 165-166).

도당유학이 본격적으로 성행한 것은 헌덕왕 13년(821년) 신라인 최초로 김운경이 당의 과거시험인 빈공과에 급제하여 관직을 제수받은 무렵부터였다. 신라 문성왕 2년(840년)에는 당에 숙위와 숙위학생 중 10년 기한이 넘은 105명이 귀국 조치될 정도로 신라의 도당 유학생들이 많았다. 그들 중 일부는 빈공과에 합격하여 당의 관리로 일하거나 귀국해서 신라의 관리가 되기도 했다(신형식 2002, 128-129; 강나리 2018, 167). 당과 신라의 이러한 교류로 미루어 볼 때, 장안을 다녀온 도당 유학생들이 경교의 존재를 몰랐을 리가 없었을 것이다.

장안을 오갔던 신라 구법승들도 경교의 존재를 알았을 것으로 짐작된다. 7-9세기 말 신라와 당은 불교 교류가 활발하였는데, 7세기 초 신라의 구법승은 당 태종이 후원한 현장(玄奘) 법사의 불경 번역 사업에 참여하여 불교 종파의 발전과 교의 전파에 공헌했다. 8·9세기 신라의 일부 승려들은 당을 중간기점으로 삼아 인도로 구법여행을 떠났다. 그 가운데 일부는 중국의 명승(名僧) 대덕(大德) 아래에서 경론을 연구한 후 신라로 돌아와 신라 구산선문(九山禪門)의 기초를 놓았으며, 일부는 당에서 생을 마쳤다(拜根興 2008, 101). 일본 승려 엔닌(圓仁)은 장안의 사찰에 있던 신라 구법승들을 가리켜 '제사신라승등(諸寺新羅僧等)'이라고 했는데, '제사'라는 말은 여러 사찰에 있는 승려를 뜻하며 그만큼 신라 구법승의 수가 많았다는 것을 의미한다(변인석 1999, 158). 이처럼 수많은 신라 구법승들이 경교의 존재를 몰랐다고 주장하는 것이 더 어려울 것 같다. 도교 신자였던 당 무종(840-846)이 845년에 소위 회창법란(會昌法亂)이라는 폐불 정책을 시행한 적이 있다. 대부분의 사찰을 폐쇄하고 승려들을 강제 환속시키면서 경교, 마니교, 조로아스터교에 대해서도 금지령을 내리고 외국인 승려들에게는 환속 대신 추방령을 내렸다. 신라 구법승들도 대거 신라로 추방되었는데(바우머 2005, 337-338), 이들 구법승들도 당시 함께 탄압받은 경교의 존재를 알았으리라 추측된다.

경교의 신라 전래 가능성의 또 다른 근거로 소그드 상인의 역할을 들 수 있겠다. 소그드 상인들은 기원전 2세기부터 당나라 말기인 10세기 무렵까지 사실상 실크로드의 지배자였다(허남결 2014, 303; 김호동 2002, 118). 소그드인들의 등장은 아케메니드(Achaemenid) 페르시아의 다리우스 1세가 통치했던 기원전 6-5세기로 거슬러 올라간다. 소그드인들이란 본래 소그디아나 땅에 거주하던 원주민들과, 다양한 이유로 그 밖의 지역에서 이주민으로 살았던 소그드인들을 아우르는 명칭이다. 소그드인들은 농사를 짓기도 했지만 '소그드 상인'이라는 말이 있을 정도로 상업 활동으로 더 유명하다. 소그드 상인들은 글을 읽고 쓰는 능력뿐만 아니라 각 지역의 정보에도 두루 밝았는데, 이러한 능력은 그들의 직업적 특성에서 비롯된 것이라 하겠다. 그들의 언어인 소그드어는 고대 서아시아의 공용어였던 아람어 문자를 바탕으로 만들어졌으며, 실크로드 지역의 사실상 국제어로 널리 통용되었다. 소그드 상인들은 사람과 물자와 문명의 교통로였던 실크로드에서 각 지역 간의 매개자 역할을 했던 대표적인 사람들이다(허남결 2014, 300-312).

소그드 상인들은 실크로드를 통해 중국에 불교, 조로아스터교, 마니교, 경교 등 여러 종교들을 전파하는 데에 기여한 것으로 알려져 있다. 경교가 중국에 전래되는 과정에도 소그드 상인들의 역할이 컸던 것으로 보인다. 기본적으로 소그드 상인들의 종교는 조로아스터교였지만, 기독교에도 관대했기 때문에 아시리아 동방교회는 사마르칸트(Samarkand)에 대주교구를 설치하여 소그드인들의 개종과 선교활동을 지원했다(허남결 2014, 312-315).

당나라에서 '상호(商胡)', '흥호(興胡)'로 불렸던 소그드 상인들은 조공 및 호시(互市) 교역에 종사했을 뿐만 아니라, 당나라의 전성기라 일컬어지는 8세기에 호풍(胡風)이 유행할 만큼 당 중심까지 진출하여 활동했다. 8세기는 신라의 대당 관계가 정상화되어 당과의 교류가 활발해진 시기였으므로 신라에도 호풍의 영향이 미쳤으리라 볼 수 있다(김창석 2006, 106; 강나리 2018, 166). 신라 원성왕(785-798) 왕릉(괘릉)에 있는 서역인 외모의 무인석상은, 당시 유행하던 호풍의 반영이라고 평가된다(권영필 2002, 111). 당나라 군대에 있던 서역인 부대의 용맹성이 널리 알려지면서 서역인 얼굴의 무인도용이 많이 만들어졌는데 그 영향을 신라가 받았으며(김원룡 1987, 66), 당나라의 정형화된 '서역인 이미지'에 기초해서 석상을 만들었다는 것이다(임영애 2002, 64-65). 다른 한편으로, 소그드인이 직접 신라에 왔을 가능성도 배제할 수 없다는 주장도 있다. 당나라에서 유행했던 도용을 그대로 모방한 것이 아니라, 신라에 왔던 서역인들을 직접 보고 만들었으며 그 서역인들 중에 소그드인들이 있었을 수도 있다는 것이다(권영필 1992, 71; 권영필 2002, 111).

신라에는 호풍의 이국 산물이 유행했지만 소그드인들을 문화적 존승의 대상으로 인식하지는 않은 것 같다. 또한 그들을 통해 당과 교역할 상황이 아니었다. 8세기 전반까지는 국가 간의 조공과 책봉 관계에 기초하여 공무역의 형태인 관무역의 성격이 강했고, 당과 신라는 이러한 무역 형태를 통하여 필요한 물품을 교환했다. 따라서 소그드 상인들이 독자적으로 신라에 와서 직접 교역활동을 할 가능성은 낮았다. 그러나 8세기 후반에는 당과 신라 사이에 민간상인 주도의 교역이 시작되어 당에 진출해 있던 소그드인들이 신라로 진출할 수 있는 여건이 마련되었다. 또한 소그드인 혈통의 안녹산이 일으킨 안사의 난(755년) 전개 과정에서 소그드 사회가 영향을 받게 되어 소그드인들은 새로운 교역 대상지를 찾아 신라까지 오게 되었다. 소그드인들이 취급한 약재, 향료, 공예품 등 희귀 상품이 신라 왕족과 귀족의 필수품이 되면서 원활한 공급을 위해 일부 상인들의 정착이 이루어졌다. 이처럼 당의 정세와 교역 환경의 변화에 따라 신라로 오게 된 소그드인들 중 일부는 신라에 정착하기도 했지만, 당에서처럼 활동 범위가 넓지는 않았던 것 같다(김창석 2006, 93-123). 이처럼 소그드인들이 신라에 왔다면, 교역품뿐만 아니라 경교에 대해서도 소개하지 않았을까? 그러나 신라가 소그드 상인들을 외교관계의 대상으로 인식하지 않았기 때문에, 그들을 통해 전래된 사상이나 종교가 신라 사회에 수용되었는지는 확정할 수 없다고 하겠다.

이상의 근거들은 경교의 신라 전래 가능성을 보여준다. 여기서 전래 가능성이란 신라에서 경교가 본격적으로 선교활동을 했다는 의미가 아니다. 장안을 왕래한 신라 유학생들과 구법승들이 경교를 견문하여 소개하고 언급함으로써 그리고 신라를 오가거나 정착했던 소그드 상인들을 통해서 경교의 존재가 알려졌을 가능성을 뜻한다.

실크로드 종교의 한 모델로서의 경교

어떤 종교도 본래 시작된 시대 및 지역의 모습과 동일한 상태 그대로인 종교는 없다. 동시대, 동일 지역에서도 다양한 스펙트럼이 존재한다. 전래된 지역의 문화에 영향을 주거나 그 지역의 문화에 의해 영향을 받는 습합은 거의 모든 종교의 보편적인 현상이다. 종교는 생물(生物)과 같아서 주변 환경에 조응하여 생장, 변화, 소멸한다. 하여, 땅에 발딛고 있는 종교의 다양한 양태를 외면한 채, 종교란 이런 것이라고 규정하거나 이러해야 한다고 주장하는 것은 공허하고 편협한 것일 수 있다. 실크로드 현지인문탐사와 문헌연구를 통해 만난 실크로드 종교는, 고정불변한 독자성과 배타적 우월성을 고수하는 종교가 아니라 구체적인 삶의 자리에서 교류하고 적응하며 변화하는 관계망 속에 있는 종교였다. 경교가 이러한 실크로드 종교의 한 모델이 될 수 있지 않을까?

실크로드 종교를 만나는 세 주체는 실크로드 종교들, 실크로드 사람들, 그리고 우리 자신(필자와 독자)이다. 첫째, 실크로드 종교들은 실크로드에서 여러 다른 종교들을 만나고 도전받고 변화한다. 그리고 그러한 과정을 통해 변화된 모습으로 다시 실크로드 종교들과 교류하고 도

전하며 변화시킨다. 시대적·정치적 상황과 맞물려서 이러한 모습과 과정이 실크로드를 따라 나타난다. 둘째, 실크로드 사람들은 실크로드의 다양한 종교들을 만나서 수용·변용·개종·거부·탄압한다. 실크로드 사람들의 구체적인 삶의 자리에 따라 만남의 방식과 표현이 달라지기 때문이다. 셋째, 필자와 독자 여러분도 실크로드에서 종교들을 만나는 주체이다. 필자는 실크로드에서 만난 종교들 덕분에 인식과 학문의 일대 전환을 경험했으며, 앞으로 만나게 될 종교들이 필자의 학문 세계와 인식 지평에 어떤 영향을 줄지 기대된다. 독자들 역시 종교적 신앙의 유무나 차이에 구애됨이 없이 실크로드 종교들을 만나고 그 만남을 통해 종교 문해력과 다종교 감수성을 키우게 되기를 희망한다.

제4장

실크로드에 새겨진 생명의 시

윤 용 섭(경상북도 문화정책자문관)

□ 들어가며

인간의 삶엔 과연 목적이 있는가? 인생은 태어나고 살아가고 늙어간다. 이것은 냉엄한 실존이라 누구라도 피할 수 없다. 그러나 인간은 냉혹한 삶 가운데 행복을 추구한다. 행복은 일상의 안락에서도 누릴 수 있지만, 이를 영원하지 않은 행복이라고 느끼는 사람들은 다른 곳에서, 예를 들어 인간에 대한 사랑과 우주의 진리에서 찾기도 한다. 실크로드는 동서양을 오가는 통로다. 따라서 예부터 이별과 만남이 많았다. 그리고 중국과 한국 땅에서 인도를 향하여 목숨을 건 구도행을 걸은 생사의 길이기도 하다. 끝없는 열사에서도 생명은 태어나고 살아간다. 시인은 도저히 생물이 존립할 수 없을 것 같은 환경에서도 움트고 자라고 움직이는 생명의 신비를 느낀다. 뿐만 아니라 이 시공(時空)이

끊어진 것 같은 땅에서 우주의 존엄과 영혼의 고귀함을 대하는 신념과 희망, 인내의 극한을 발견한다.

I. 혜초(慧超)스님의 천축행(天竺行) 시(詩) 다섯 편

지허 스님이 번역하고 해석한 『왕오천축국전(往五天竺國傳)』에 의하면 혜초(慧超, 704~787)는 신라 성덕왕(聖德王) 시대에 태어나, 중국 오대산의 건원보리사(乾元菩提寺)에서 입적한 것으로 알려져 있다. 16살 되던 해인 719년에 당나라로 들어가 천축에서 온 밀교의 거장 금강지(金剛智/ 바즈라보디/ Vajrabodhi, 671~741)를 광주에서 만났다. 금강지는 중국 밀교의 초조(初祖)인데, 인도에서 유가유식학(瑜伽唯識學)과 밀교에 통달한 후 스승인 용지(龍智)대사의 권고로 중국으로 왔다. 개원(開元) 8년(720) 낙양과 장안으로 들어가 자은사(大慈恩寺)와 천복사에 머물면서 밀교를 크게 전파하였다. 인도에서 중국으로 돌아온 혜초는 이때 금강지로부터 밀교를 배우면서 함께 역경사업에 참여했다.

혜초대사는 스승 금강지의 권유로 천축으로 구도 여행을 떠났는데, 행로는 광주(廣州)에서 바닷길로 인도로 들어가서 중천축, 남천축, 서천축, 북천축 및 카슈미르 지방을 거쳐 파미르고원을 넘고 신강(新疆)과 구자(龜玆)를 거쳐 4년 동안의 구법여행을 마치고 장안(長安)으로 돌아왔다. 723년부터 727년까지 4년 동안 40여 개의 크고 작은 나라를 돌아본 내용을 기록한 『왕오천축국전(往五天竺國傳)』은, 1908년에 프랑스 탐험가인 펠리오에 의해 돈황의 막고굴에서 발견되었고, 1915년 일본인 불교학자 다카쿠지 준지로(高楠順次郎)에 의해 저자가 신라승 혜초라는 것이 밝혀졌다.

혜초가 서역을 기행하면서 지은 시는 다섯 수가 전한다. 그 중 세 수를 감상하고자 한다.

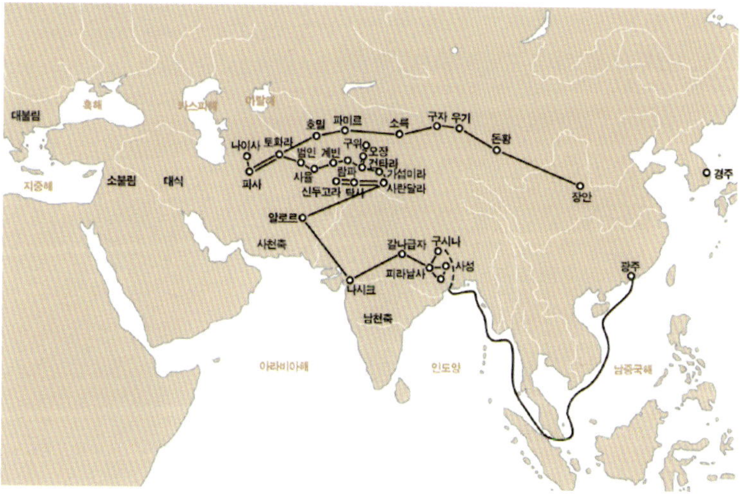

혜초의 서역여행로

(1) **在南天路**(재남천로)

남천축국 길에서

月夜瞻鄉路 월야첨향로
浮雲颯颯歸 부운삽삽귀
緘書參去便 함서참거편
風急不聽廻 풍급불청회

我國天岸北 아국천안북
他邦地角西 타방지각서
日南無有雁 일남무유안
誰爲向林飛 수위향림비

달밤에 고향 길 바라보니
뜬 구름 두둥실 돌아가고 있네
편지 한 장 봉하여 구름 편에 부치려는데
바람이 급하여 돌아보지 않네
내 나라 하늘 벼랑 북쪽에 있는데
타방에 땅끝 서쪽이구나
해가 남쪽이라 기러기도 없는데
그 누가 나를 위해 계림으로 날거나

어느 달 밝은 밤에 고향인 계림 즉, 경주를 그리는 감동적인 명시다. 기러기는 없거니와 두둥실 떠가는 구름편에라도 편지를 전하고 싶건만, 바람이 구름을 돌려주지 않는다.

(2) 逢漢使 入蕃 略題四韻 取辭(봉한사 입번 약제사운 취사)

서번으로 가는 한나라 사신을 만나 사운(四韻)을 취해 시를 짓다

君恨西蕃遠 군한서번원
余嗟東路長 여차동로장
道荒宏雪嶺 도황굉설령

險澗賊途倡 험간적도창
鳥飛驚峭嶷 조비경초억
人去難偏樑 인거난편량
平生不捫淚 평생불문루
今日灑千行 금일쇄천항

그대는 서번이 멀다고 한탄하고
나는 동로가 길다고 탄식하네
길은 거칠고 큰 눈은 산고개를 덮었는데
험난한 골짝에는 도적떼 들끓네
새들 날다가 높은 산에 놀라고
사람들 외나무다리 건너기 어려워라
평생 눈물 뿌려본 적 없는데
오늘은 천 가닥으로 흐르는구나

사운(四韻)은 기승진결에 해당하는 2, 4, 6, 8구에 붙인 운율(장, 창, 양, 항)을 말한다. 중국으로 돌아가는 길에 올려 토번(티벳)으로 가는 사신을 만났다. 둘 다 갈 길이 아득한 비슷한 처지다. 동병상련이라 했던가? 너무나 인간적인 시인의 가슴에서 시가 흘러나온다. 도적은 들끓는데 새도 날다가 놀랄 정도로 높은 봉우리를 올라야 한다니, 나도 모르게 눈물이 나온다. 구도의 길은 이처럼 생사를 넘나드는 모험이다. 인간이기에 눈물이 흐르지만, 그래도 이를 이겨내는 혜초의 인간승리, 생명의 무한한 힘을 인정하지 않을 수 없다.

(3) 冬日 在吐火羅 逢雪述懷(동일 재토화라 봉설술회)

겨울날 토화라에서 눈을 만나 회포를 적다

冷雪牽氷合 냉설견빙합
寒風擘地烈 한풍벽지열
巨海凍墁壇 거해동만단
江河凌崖囓 강하릉애설
龍門絶瀑布 용문절폭포
井口盤蛇結 정구반사결
伴火上陔歌 반화상해가
焉能度播蜜 언능도파밀

찬 눈 흩날려 얼음 위에 쌓이고
찬 바람 땅을 찢을 듯 사납게 부네
큰 바다는 얼어서 흙손으로 다진 듯하고
강물은 벼랑을 때려 깎아내고 있네
용문은 얼어 폭포가 끊어지고
우물 입구도 똬리 튼 뱀처럼 얼어붙었네
횃불 들고 층층계단 위에서 노래하나니
어떻게 파미르고원 넘어갈 수 있을까

토하라는 현재 아프카니스탄 북부의 아무강이 있던 지명으로서 중국에서 대하(大夏)라고도 부른 국가이다. 겨울날 높은 토하라 지방은 모든 게 얼어붙었다. 그래도 살아남아야 하고 또 갈 길을 가야 한다.

이 얼음의 세계에서 다시 파미르고원을 어떻게 넘어갈 것인지 기가 찬 심정을 노래했다. 실크로드의 추위를 잘 묘사한 명작이다.

II. 1천 년간 다정한 사람들의 심금을 울린 명작

1. 王之渙(왕지환, 688~742)

왕지환은 중국 성당(盛唐)의 시인이다. 자는 계릉(季陵). 산서성(山西省) 태원(太原) 출생으로 지방관이 되었으나 곧 사직하고 시인으로서 자유로운 생애를 보냈다. 전당시(全唐詩)에 수록된 시 6수가 전하는데, 특히 변새시(邊塞詩)를 잘 쓴 시인으로 유명하다. 변새시는 주로 변경의 풍경과 군대 생활을 주요 내용으로 삼는 장르라고 할 수 있다. "봄바람도 옥문관을 넘어가지 못한다(春風不度玉門關/ 춘풍부도옥문관)"란 절구로 유명한 「양주사(凉州詞)」와 천리를 더 보기 위하여 다시 한 층계 올라간다(欲窮千里目/ 욕궁천리목 更上一層樓/ 갱상일층루)는 「등관작루」가 대표작이다. 「양주사」는 당시 널리 애창(愛唱)되었다.

凉州詞(양주사)

黃河遠上白雲間 (황하원상백운간)
一片孤城萬仞山 (일편고성만인산)
羌笛何須怨楊柳 (강적하수원양류)
春風不度玉門關 (춘풍부도옥문관)

아득한 흰 구름 사이 황하가 시작하는 곳
만 길 높은 산 위에 외로운 성 하나
강(羌) 땅의 피리는 하필 이별의 양류곡이냐
봄바람은 아직 옥문관을 넘지 못하는데

강(羌)은 실크로드에 사는 민족으로서 자주 중국을 침범하였다. 양류(楊柳)는 북조시대의 이별가인 절양류(折楊柳)를 말한다. 옥문관(玉門關)은 돈황 서쪽에 있는 관문이다. 여기서 바라보매 저 길고 긴 황하가 흰 구름 속에 덮여있다. 그리고 구름 가운데 한 조각 외로운 성의 자태가 만길 높은 산에 어렴풋이 보인다. 이 성에 병졸들이 부르는 강(羌) 땅의 젓대소리는 어찌하여 모두 이별을 슬퍼하는 '절양류곡'인가? 여기 옥문관은 봄바람도 넘지 못하는데 말이다. 양류는 봄바람에 나긋나긋 흔들린다. 고향 땅의 풍경은 아마 그러하리라. 그러나 이곳에는 아직도 싸늘한 날씨다. 고향을 떠나 머나 먼 변방에서 수(戍)자리 사는 병사들의 심정을 잘 표현한 명작이다.

2. 왕유(王維, 699년 ~ 759년)

왕유는 중국 성당(盛唐)의 시인이자 화가는 마힐(摩詰)이다. 그의 시는 선적(禪的)인 취향이 있고 자연의 아름다움과 인간의 깊은 정을 잘 표현했다. 그림으로는 남종화의 시조가 된다. 일찍이 소동파가 왕유의 작품을 평하기를, "시 가운데 그림이 있고 그림 가운데 시가 있다(詩中有畵 畵中有詩)."고 하였다.

송원이사안서 (送元二使安西 - 안서로 가는 원이를 보내다)

渭城朝雨浥輕塵 (위성조우읍경진)
客舍靑靑柳色新 (객사청청류색신)
勸君更進一杯酒 (권군갱진일배주)
西出陽關無故人 (서출양관무고인)

위성 아침 비가 먼지를 적시니
객사엔 푸릇푸릇 버들잎 새로워라.
그대에게 권하노니 술 한잔 더하구려
서쪽으로 양관을 나서면 벗도 없으리.

'당시(唐詩) 삼백수'가운데, 양관삼첩
귀주대검조주업유한공사(貴州大黔朝酒業有限公司) 제공

양관(陽關)은 옥문관과 함께 돈황에서 서역으로 들어가는 관문이다. 따라서 예부터 이별이 많았고 이별시가 없을 수 없었다. 중국 시사(詩史) 수천 년, 제일(第一)의 이별곡이 바로 양관으로 벗을 보내는 왕유의 시다. 이 명작이 악부(樂府)에 채택되어 워낙 애창되다 보니, 후렴을 삼창(三唱)하게 되었다. 그래서 '양관삼첩(陽關三疊)'이란 이름을 얻게 되었다. 2015년 필자가 겨울 북경의 지음당(知音堂)을 방문하였을 때, 지음당 주인이 우리를 위해 고금(古琴)으로 '양관삼첩'을 연주해 주었다. 북경 사람들은 이 노래가 당나라 때 것이 지금까지 전승된 것이라 하였는데, 믿기지는 않지만 놀라운 일이다.

III. 현대 시인의 시

2016년, 시인 8명(김금용, 김영재, 김지헌, 김추인, 윤효, 이경, 이경철, 홍사성), 소설가 2명(이정, 이상문) 등 모두 10명이 함께 실크로드를 답사했다. 중국 서안에서 출발하여 난주, 돈황, 투루판, 우루무치까지 옛 대상들이 걷던 사막의 길을 따라가며, 보고 느꼈던 생각을 옮겨 적어 『사막에서 열흘』이란 책으로 묶었다. 그리고 1년 뒤, 김우남, 김일연, 최도선 시인이 추가로 합류한 13명의 문인들이 다시 실크로드를 향했다. 이번에는 타슈켄트, 사마르칸트, 아이다르 사막, 부하라, 키질쿰 사막 등을 여행하고 『다시 사막에서 열흘』이란 작품을 내었다. 이 두 작품집에 실린 홍사성과 김금용의 시를 음미하기로 한다.

시인은 동국대학교 불교학과를 졸업하고 불교신문 주필, 불교평론 주간, 불교 TV 제작국장, 불교방송 상무 등을 역임했다. 저서로는 『부처님은 이렇게 말씀했다』 외 다수가 있다.

(1) 사막의 달

새벽이 밝아오자 사막의 달은 이제 헤어질 때 됐다는 듯
서역하늘 가득 그리움 같은 달빛만 남기고 사라졌다
우리 만남은 진사겁(塵沙劫)의 인연,
가는 길 달라도 다시 못 만나더라도
저 달 보면 서로 그리워하자던 그 친구 닮은 달이었다.

극한 환경, 특별한 장소에 있으면 가장 보고싶은 사람이 생각나는가? 사막에서 달을 보니 이제는 만날 수 없는 옛 친구가 생각났나 보다. 그런데 진사겁이란 길고 긴 세월의 인연이라면 혹시 '그 친구'가 '연인'일 수도 있겠다.

(2) 투루판

해발 마이너스 154미터
연간 강수량 30밀리
여름 평균기온 54도

그동안 나는 불평이 너무 많았다

투루판, 멀리 천산(天山)의 봉우리들이 보인다. (윤용섭 촬영)

그렇다. 이 말도 안 되는 환경에서도 생명은 약동하고 문명은 피어났다. 이 투루판에서 원효의 대승기신론소가 필사되고 읽혔다니 놀라울 따름이다.

(3) 교하고성(交河古城)

'집은 땅 위에만 짓는 줄 알았다
성은 반드시 돌로 쌓는 것인 줄 알았다
40도가 넘어면 사람이 못 사는 줄 알았다
지상에는 종교가 하나밖에 없는 줄 알았다

사랑은 잘생긴 사람들만 하는 줄 알았다
못난 인생은 인생도 아닌 줄 알았다
무너지면 역사가 아닌 줄 알았다
정말 다 그런 줄 알았다.

'사무사(思無邪)'라는 옛말이 있다. 시는 무엇보다 감정의 표현이 순수해야 한다는 뜻일 것이다. 열사 위에 세워진 교하고성의 흔적을 본 작가의 놀란 심사가 솔직하게 표현되어 좋다. 우리는 얼마나 편안한 환경에서 게으르고 교만했는지 반성하는 모습이다.

(4) 덜 된 부처

눈도 코도 입도 귀도 없이 겨우 형체만 갖춘
만들다 만 덜 된 불상이 있습니다
다 된 부처는 더 될게 없지만
덜 된 부처는 덜 돼서 될 게 많아 보였습니다
그 앞에 서니 나도 덩달아 부끄럽지 않았습니다.

실크로드로 들어가는 첫 관문인 난주에 병령사란 큰 절이 절경 위에 세워져 있다. 여기에는 아름답고 장엄한 불보살상들이 즐비한데, 작가는 어느 볼품없는, 아직 형상이 덜 된 석불에 주목하고 있다. 원래 불타의 참모습은 눈, 코, 귀에 있지 않다. 덜되고 잘되고가 평등한 법안(法眼)에는 차별이 없을 것이다. 그리고 시인은 덜 되어서 이룰 게 많다고 하고 그 앞에 서면 나도 부끄럽지 않다고 하였다. 이 표현은 미완성의 가치를 논하여 좋은데, 무상(無相)의 가치는 언급하지 않은 아쉬움이 남는다.

난주 '병령사' 제14호 석굴의 석불 (홍사성 촬영)

2. 김금용

1997년 현대시학에 등단하여 시집 『광화문 쟈콥』, 『넘치는 그늘』, 『핏줄은 따스하다, 아프다』 등을 내었고, 펜 번역문학상과 동국 문학상 등을 수상했다.

(1) 아쟁을 켠다

- 오아시스 1 -

등굽은 사막이 웅크린 채 아쟁을 켠다
홀로 깨어나 홀로 우는 아쟁 소리에 맞춰
사막여우의 지친 숨소리에 맞춰
황금 광야가 바람소리를 보탠다
춤을 춘다

속도는 소용없는 단어
천천히
천천히 가자
동서남북이 필요 없는
시공간의 자유
남루하지 않다.

고창 고성에서 서역지방의 전통악기인 돔브라를 타는 현지인과 이를 지켜보는 한국인 여행객

키지흐스탄,'이식'의 초원에서 돔브리를 디면서 전통 노래를 부르는 모습 (윤용섭 촬영)

돈황의 월아천 사막은 바람이 불면 아쟁 소리가 난다. 물론 바람 소리다. 장자는 하늘에 바람이 불면 산천초목이 피리 소리를 낸다고 한다. 대자연은 그대로 아름다운 그림이요 아름다운 음악이다. 이 속에 있는 우리. 우리도 대자연의 하나이다. 이 순간 동서남북이 무슨 필요가 있겠는가? 그리고 과거나 미래가 무엇이겠는가? 평소 우리는 왜 그리 바빴을까?

(2) 대화

\- 오아시스 7 -

한 모금 물을 찾아
푸른 종려나무 그늘을 찾아
목까지 숨찬 살아있는 것들
몰려온다

전갈 한 마리,
뱀과 사막여우 한 마리
돈황을 찾아가던 혜초

명사산 월아천에 발 담그고
눈웃음 짓는다
손톱달을 올려다 본다

제각각의 언어로
손과 발로 박수 치며,
수다 피며

우루무치의 시장거리에서 전통춤을 추는 위구르인들의 모습 (윤용섭 촬영)

한 모금 물을 찾아 목까지 숨이 찬 생명들. 전갈이나 뱀, 사막여우나 혜초스님이거나 살아간다는 사실에는 무슨 차이가 있겠는가? 이 처절한 삶의 현장에서도 월야천에 뜬 달은 아름답다. 제각각의 언어로 즐기고 수다를 피울 수 있다. 그들의 삶은 자유로웠나, 아니면 노예의 삶을 살았나? 여행자들에게는 이런 질문 필요없이 그저 아름답기만 한 곳이다. 사막에서 오아시스란 존재, 인생에도 오아시스가 많아야 할 텐데 . . .

□ 나오며

인간을 비롯한 생물은 맹목적으로 살아가는 필연성을 여읠 수 없다. 살아감은 고통의 연속일 수 있다. 그러나 생명의 힘은 이 삶의 수준을 높혀나갔으니, 이것이 문명이다. 풀 한 포기 없는 사막에서도 생명은 꿈틀대고 꿈과 의지로 문명을 이룩했다. 돈황과 투루판에는 그 장려한 증거가 남아있다. 돈황 석굴에 그려진 벽화의 예술성은 상상을 초월한다. 불모(不毛)의 사막과 화려한 예술의 공존은 이곳을 찾은 시인에게 감동과 영감을 충분히 선사할 것이며 또 이들이 읊조리는 생명의 시는 우리의 영혼을 순화하고 고양시키고 있다.

한국시에 스며든 서풍(西風)의 혼[1]

장 옥 관(시인·계명대학교 문예창작학과 교수)

1.

내 삶에 '돈황'이라는 지명이 찾아든 것은 1980년대 초반의 일이다. 당시 화제작이었던 윤후명의 소설 『돈황의 사랑』(1982)을 읽고 단박에 매료된 것이다. 그때까지만 해도 '돈황'과 '누란'이라는 지명은 우리에게 아주 생소했다. 실연의 고통과 현실의 질곡을 환상 속에 풀어놓은 그 소설은 시적 분위기의 서정적 묘사가 압권이었지만 거기에 나오는 '명사산(鳴沙山)'과 '월아천(月牙泉)'이라는 몽환적인 이미지가 나를 사

1 이 글은 필자의 논문인 「한국시와 서역문화」(『실크로드, 중국과 한국의 접점을 찾아서』, 계명대학교 실크로드 중앙아시아연구원, 2019)의 구성과 내용에 기초했으며, 일부 내용은 수정·보완했습니다.

로잡았다. 고적한 달빛 속에서 모래가 흘러내리며 울음소리를 낸다는 명사산과 곤륜산맥의 만년설이 녹아들어 이룬 초승달 모양의 오아시스가 내 마음을 달뜨게 한 것이다. 그 이미지는 80년 초반의 숨 막히는 정치적 상황을 잠시나마 잊게 해주었다.

[사진 1] 2019년 현재 돈황의 명사산. 월아천과 더불어 몽환적 이미지를 자아내던 이곳은 이제 디즈니월드처럼 놀이동산이 되어버렸다.

돌이켜보면 내 상상력의 공간에 돈황이 있는 실크로드와 중앙아시아는 오랜 기간 공백 상태로 놓여있었다. 6·70년대 제도교육의 어느 과정에서도 실크로드와 중앙아시아는 존재하지 않았다. 유라시아 동쪽 끝에 위치한 우리나라가 이 지역의 문화에 영향을 받지 않았다는 건 어불성설이다. 그럼에도 우리는 서구 중심의 세계관이라는 좁은 우물에 갇혀 그 넓은 하늘을 보지 못했던 것이다. 그리하여 나는 90년대 초반 몇몇 가까운 시인들과 실크로드 여행을 도모했고, 최근 우리 학교 실크로드 중앙아시아연구원의 탐사여행에 참여함으로써 서역 문화에 대한 이해의 폭을 넓힐 수 있었다.

한 나라의 문화는 지리·역사적으로 밀접한 나라의 영향 관계 속에서 형성된다. 동아시아권에 속한 한국문화가 같은 아시아권인 중국과 중앙아시아, 나아가 아랍의 간섭 속에 형성된 것은 당연한 일이다. 이 문명 교류의 핵심에 실크로드가 놓여있다. 그동안 실크로드의 출발점이 중국의 장안이라고 알려져 있으나 최근의 연구는 그 길의 동쪽 끝이 신라라는 사실을 밝혀냈다. 일본의 저명한 고미술사가인 요시미즈 쯔네요(由水常雄)는 신라의 로마문화 관련 유물을 30여 년 연구한 사람이다. 『로마 문화의 왕국, 신라』(2002년)라는 책을 펴낸 그는 동양에서 로마의 문화가 가장 넓고 깊게 스며든 곳이 신라라고 주장한다.

우리에게 실크로드라 하면 금방 연상되는 게 서역이라는 지명이다. 서역은 중국인이 자기 나라의 서쪽 지역을 총칭하는 용어다. 이 지명이 문헌에 처음 나타난 게 반초가 펴낸 『한서(漢書)』의 「서역전」이다. 그 후 중국인들의 공간적 개념이 확장되면서 서역은 서(西)투르키스탄과 서아시아, 소아시아까지로 확대되었으며 경우에 따라 인도까지 포함되었다. 그러나 현재는 동·서투르키스탄을 합친 중앙아시아, 특히 동(東)투르키스탄을 가리키는 게 일반적이다. 좁은 의미에서 서역 문화는 동투르키스탄의 문화이지만 넓은 의미에서 중앙아시아 문화에 포함된다. 우리 문학의 진정한 얼굴을 찾기 위해선 중앙아시아와 서역 문화가 끼친 영향을 살피는 게 무엇보다 중요한 일이다.

2.

우리 문학에서 서역의 이미지는 널리 분포되어 있다. 그것은 서역이 불교의식과 연관을 맺고 있기 때문이다. 삼국시대 이후 불교를 받아들인 후 불교의식은 한민족의 의식에 깊이 자리 잡았으며 그것의 문학적 구현이 향가이다. 불교의식은 고려시대와 조선시대를 거쳐 오늘날까지 지속적으로 영향을 미쳤다. 고전문학 중에서 서역과 연관성이 높은 작품으로는 혜초의 『왕오천축국전』을 손꼽을 수 있다. 혜초는 생몰연대가 명확하지 않고 생애 자체도 불분명하다. 하지만 720년경부터 727년까지 인도와 중앙아시아를 여행한 사실은 문헌을 통해 확인된다. 『왕오천축국전』은 227행에 6천여 글자에 지나지 않는 짧은 기록이지만 매우 중요하게 다루어지고 있다. 기행 여정과 아랍문화에 대한 기록을 바탕으로 한 동서 문화교류와 문학적 의의 등 주목할 부분이 많기 때문이다. 특히 8세기 전반의 인도여행 기록으로는 유일하다는 점이 이 책의 가치를 말해준다.

『왕오천축국전』의 서술 내용은 방문한 지역의 위치와 국가의 정세, 의복 및 언어와 풍습, 물산과 식생, 생활 사정, 신앙 및 자연 조건에 대한 것이 공통적으로 언급되고, 불교 유적과 그 유래에 대한 이야기가 덧붙여진다. 우리의 관심은 『왕오천축국전』이 문학적 텍스트로서 어떤 가치를 지니느냐 하는 점이다. 이를 알기 위해선 비슷한 시기에 나온 현장의 『대당서역기』와 비교해볼 필요가 있다. 『대당서역기』는 당 태종의 칙명으로 편찬한 여행기여서 체제나 규모 면에서는 『왕오천축국전』과 비교할 수 없을 정도다. 현장이 국가 차원에서 경전을 가져오는 것을 목적으로 여행을 떠났다면, 혜초의 경우 밀교승의 차원에서 행한 구도(求道) 여행이었다. 이처럼 상반된 여행 목적 때문에 문학 텍스트의 차원에서 두 책의 성격은 뚜렷하게 차이가 난다. 다시 말해 『대당서역기』는 서사문학인 전설을 담고 있고, 『왕오천축국전』은 서정문학인 시를 품고 있다. 『대당서역기』에는 스물다섯 편의 전설이 들어 있으나 시는 한 편도 들어 있지 않으며, 『왕오천축국전』은 다섯 편의 시가 들어 있으나 전설은 한 편도 들어 있지 않다.

<사진 2> 파미르고원을 넘은 혜초는 이런 길을 걸어 카스로 갔다.
만년설을 이고 선 곤륜산맥의 산들. 만년설이 녹은 물은 돌과 황토가 뒤덮인 이런 곳을 흘러 황하를 이룬다.
달리는 버스에서 촬영해 사진이 흔들렸다.

『왕오천축국전』에 실린 다섯 편의 시는 여행지의 사실을 객관적으로 기술한 여행기의 딱딱한 분위기를 상쇄시킨다. 이들 시편들은 순례 과정에서 겪게 되는 혜초의 생생한 감정을 진솔하게 드러내고 있으며 이는 이 여행기의 서술구조에 균형감을 선사한다. 곧 산문의 객관적인 기술과 개인적 체험에 바탕을 둔 정서적 표현의 짜임새를 갖추게 한

것이다. 혜초는 파미르 고원 앞에서 한겨울 눈보라를 만난 정회를 다음과 같이 읊었다

冷雪牽氷合	차가운 눈이 얼음까지 끌어모으고
寒風擘地[裂][2]	찬바람 땅이 갈라져라 매섭게 부는구나.
巨海凍墁壇	망망대해는 얼어붙어 단을 깔아놓은 듯
江河淩崖囓	강물은 제멋대로 벼랑을 갉아먹는구나.
龍門絶[瀑]布	용문엔 폭포수마저 얼어 끊기고
井口盤蛇結	우물 테두리는 도사린 뱀처럼 얼어붙었구나.
伴火上[陔]歌	횃불을 벗 삼아 층층 오르며 노래하건만
焉能度播密	과연 저 파미르 고원을 넘을 수 있을는지.[3]

혜초의 한시는 내용 측면에서 정서적 구체성을 지니고 있을뿐더러 대우법을 잘 지켜 형식상의 짜임새도 훌륭하다는 평가를 받는다. 우리 문학사에서 내용과 형식을 제대로 갖춘 한시는 9세기 말에 가야 나타난다. 동문선에 이름을 올린 최광유는 헌강왕 11년(885)에, 박인범은 효공왕 2년(898)에 역사에 등장한다. 이와 같은 사실에 비춰볼 때 혜초는 우리나라 한시 역사에서 개척자의 역할을 수행했다고 할 수 있다.

2 [ ] 표시는 연구자들이 원문의 오류를 바로잡은 부분이다.

3 정수일의 번역을 참고해서 글쓴이가 손을 보았다.

3.

우리 고전문학에서 처용보다 더 매력적인 캐릭터는 없을 듯하다. 영웅과 마신, 성적 일탈과 배신, 인물의 삼각관계 등 다양한 요소를 품은 처용설화는 향가와 고려가요는 물론 현대문학에까지 계속 살아 움직이고 있다. 그런데 처용은 과연 어디에서 온 것일까. 『삼국유사』는 헌강왕 5년(879)에 처용이 개운포에 내도했다고 기록하고 있다. 다 알다시피 「처용가(處容歌)」는 두 가지로 전해지고 있는데, 처용랑(處容郞)이 지은 8구체로 된 신라 향가(鄕歌)와 고려 때 가사로 추정하고 있는 노래가 그것이다.

> "東京明期月良夜入伊遊行如可入良沙寢矣見昆脚烏伊四是良羅二肹隱吾下於叱古二肹隱誰支下焉古本矣吾下是如馬於隱奪叱良乙何如爲理古."

> 이 노래에 대한 양주동(梁柱東)의 해독을 현대어로 풀어보면 다음과 같다.

> "서울 밝은 달에 밤들이 노니다가/들어와 잠자리를 보니/가랑이가 넷이도다./둘은 나의 것이었고/둘은 누구의 것인가?/본디 내 것이지마는/빼앗긴 것을 어찌하리오?"

『삼국유사』에 수록된 「처용가」에는 관련 설화와 함께 널리 알려진 향가가 붙어 있다. 이 노래는 가사가 부연되어 고려·조선시대의 나례(儺

禮: 음력 섣달 그믐날 밤에 궁중이나 민가에서 악귀를 쫓기 위해 베풀던 의식) 공연 때 처용가면을 쓴 인물에 의해 불렸다. 이 노래의 가사에는 처용의 모습과 역신에 대한 것이 자세히 곁들여 있고, 역신에 대한 분노가 고조되어 나타난다. 이 노래의 가사는 악장가사(樂章歌詞)와 악학궤범(樂學軌範)에 수록되어 전해지고 있으며 시용향악보(時用鄕樂譜)에는 조선시대에 지은 잡처용(雜處容)이란 노래가 실려 있다.

이 처용가와 연관된 서역문화 요소는 현장의 『대당서역기』에서 찾아볼 수 있다. 『대당서역기』에 실린 25편의 전설 중에서 '용고지전설(龍鼓池傳說)'이 주목할 만하다.

> 왕성의 동남쪽에 농업용수로 쓰는 큰 강이 있었는데 언젠가 한 번 그 강의 큰 흐름이 끊긴 일이 있다. 그 나라의 왕은 나한승한테 그 까닭을 묻고, 재난의 해결 방법을 물었다. 나한승은 용한테 제사를 지낸다면 왕이 원하는 대로 될 수 있다고 하였다. 왕이 제사를 지냈더니 홀연 강물 속에서 한 여자가 나와서 내 남편이 일찍 죽어버려 따라야 할 사람이 없으므로 왕의 훌륭한 신하 한 사람을 골라서 내 남편으로 삼아준다면 강의 흐름을 옛날과 같이 해주겠다고 하였다. 왕이 조정에서 이 말을 하자 한 대신이 말하기를 나라를 보좌하는 자리에 있는 자기가 흔쾌히 응하겠으니, 만일 소원이 이루어지면 사원을 세워달라고 하였다. 대신은 소복으로 옷을 갈아입고 말에 올라탄 뒤 왕과 백성들에게 작별인사를 하고 강에 뛰어들어 용궁으로 달렸지만 빠져들지 않았다. 강의 중간쯤 가서 대신이 말채찍을 치니 강물이 둘로 갈라지면서 모습이 보이지 않더니 한참 뒤 말만 물

위로 떠올랐다. 말은 단향목으로 만든 북 한 개와 편지 한 통을 가지고 왔다. 편지에 써있기를 이 북을 동남쪽에 걸어두면 외침이 침략할 때 북이 울리게 될 것이라고 하였다. 강물은 지금도 흐르고, 그 단향목 북을 걸어두었던 곳에는 후대에 만들어 걸어놓은 북이 있다. 이렇게 해서 세워진 용고지 옆의 사원은 황폐한 채 그대로 남아있다.

이 전설에서 대신과 용녀의 결혼담은 처용설화에서 용자 처용과 신라 미녀의 결혼담과 유사하고, 왕정보좌의 화소(話素) 역시 처용설화와 유사하다. 강물에서 나온 용녀와 강물 속으로 들어간 대신은 수로부인 설화의 화소와 유사하며, 외적 침범 시에 저절로 울린다는 북의 화소는 자명고 이야기와 일치한다. 이러한 점에 주목해본다면 우리 고전문학에 스며든 서역문화의 요소는 매우 심대하다 할 것이다.

고려시대에 불렸던 「처용가」에 스며든 외래적 요소는 더욱 뚜렷하다. 한 연구자는 「처용가」의 처용미학을 아랍의 대표적인 민담집인 「천일야화(千一夜話)」에서 찾기도 한다.[4] 처용미학을 아랍권의 비교문학연구로 진행해온 허혜정은 처용가를 문학작품이 아니라 연희전통에 초점을 맞춰 이슬람 신비주의 전통인 수피즘(Sufism)[5]과 연결한다. 일견 지나치게 과감한 주장으로 보이지만 비단길을 통해 흘러든 아랍문화와 연

---

4 허혜정, 「『천일야화』, 비단길, 그리고 처용의 문화」, 《동서비교문학저널》14호 2006, 147-178

5 8-9세기에 중앙아시아에서 나타난 수피즘은 이슬람의 비개인적이고 형식적인 종교전통에 대한 반동으로 나타난 것이다. 금욕주의와 결부된 수피즘은 수피 춤을 통해 황홀경을 경험하면서 신과의 합일을 꿈꾸는 신비주의 종교전통이다.

계하여 처용의 문화를 접근했다는 점에서 의의를 가진다. 「처용가」의 가장 두드러진 미적 요소인 성적 주제를 여기에서 찾아보고 있는 것이다. 인간적인 영웅인 처용과 마신(魔神)적 상징으로서의 역신, 성적 일탈과 배신, 삼각관계의 설정 등은 실크로드를 타고 흘러든 문화적 충격에 의해 나타난 것이라는 것이 그의 주장이다. 만약 그의 주장이 설득력을 얻는다면 처용 문화는 한국이라는 좁은 범위를 벗어나 실크로드에 연결되어 있는 아시아권이라는 문화권역으로 확장시킬 수 있는 계기를 마련할 수 있을 것이다. 기실 처용의 노래와 춤은 출현 시부터 대중들의 관심을 끌어당겼으며 그 결과 고려-조선조는 물론 현재까지도 폭발적인 패러디로 생산되었다. 이와 같은 폭발적인 힘은 아시아권이 형성한 문화의 보편성을 말해주는 것이 아닐까 싶다.

4.

고려시대에는 아랍-이슬람제국들과의 직접적인 교역이 이루어졌다. 고려 초에 회회(回回, 이슬람) 상인들이 집단적으로 몰려왔으며, 이들은 개경에 공인된 회회공동체를 형성하여 상업활동을 벌였다. 속요 「쌍화점」에 나오는 상화(想花)떡과 설적(薛炙) 등의 음식은 민간에 널리 퍼진 회회 풍속을 말해준다. 조선시대에는 도자기에 쓰인 청색 안료인 회청(回靑)의 도입과 위구르 문자와 언어가 비공식 궁중어로 쓰이기도 했다고 한다.

현전하는 고려시대 시가는 양식상 속요와 경기체가로 대별되는데 지배계급의 문학인 경기체가와 달리 속요는 우리말의 노래이자 고려

시대 민요를 가리킨다. 내용은 대개 이른바 남녀상열지사(男女相悅之詞)로 이루어져 있다. 그런데 이런 음란한 노래가 어떻게 고려 왕실이나 조선 왕실에서 불리어졌을까. 항간의 민요는 국민감정의 자연스러운 발로로서 인간의 생로병사로부터 나오는 슬픔, 남녀 간의 연정과 연인 간의 이별에 나오는 슬픔과 고통이 꾸밈없이 담겨있다. 왕이 나라를 제대로 다스리기 위해서는 백성들의 소리, 곧 민심을 잘 살펴 이해해야 한다. 따라서 군왕은 민심이 반영된 민요를 채집하고 그것을 국가나 궁중의 행사에 주악하게 된 것이다. 이것이 군주가 갖춰야 할 여민동락(與民同樂)의 자세다.

고려 속요에 스며든 외래적 요소를 살피기 위해 가장 적합한 텍스트가 「쌍화점」이다. 이 노래는 여느 고려가요와 마찬가지로 악무(樂舞)와 더불어 연행되었을 텐데 연극적인 성격이 농후한 것이 특징이다. 기록에 의하면 이 노래는 남장별대(男粧別隊)에 의해 불렸다. 이들은 전국 8도에서 차출된 여자기생들이 남자복색을 한 집단으로, 노래기생, 춤기생, 얼굴기생으로 나뉘었다. 이들은 충렬왕의 대신인 오잠의 지휘 하에 왕 앞에서 이 노래를 대본으로 연희하였다. 그 형성 시기는 충렬왕(忠烈王, 1236-1308) 25년(1299) 5월 이전으로 볼 수 있으며 담당 층은 충렬왕 대의 측근 신료들이다. 다시 말해 쌍화점의 형성시기의 중심에 충렬왕이 서 있다는 것이다.

충렬왕의 취향과 기호는 고려시대 다른 군주들과는 다른 면이 있었다. 그는 매사냥을 즐기는가 하면 음주가무와 여색을 밝히는 등 향락에 탐닉하는 생활을 하였다. 특히 퇴폐적이고 음란한 연향 취향을 지니고 있었다. 그러한 남다른 취향과 기호는 어디에서 연유한 것일까.

충렬왕은 원 세조 쿠빌라이의 사위였다. 몽골 침략 후 충렬왕의 부친인 원종은 왕권 강화를 위해 원에 통혼을 요청하였고, 태자로 책봉된 충렬왕은 연경으로 가서 세조의 딸 홀도로게리미실(忽都魯揭里迷失, 제국공주) 공주와 결혼하였다. 부왕인 원종이 죽자 고려로 돌아왔는데 체류기간이 불과 2년 남짓하였으나 원과 원 황실로부터 받은 영향은 적지 않은 것으로 보인다. 고려 태자로서 처음 원 황제의 부마가 된 점, 귀국할 때 몽골 풍속을 따라 변발한 채 호복(胡服)을 착용하고 온 점 등을 볼 때 다분히 친원파적 요소를 지녔었다고 할 수 있다. 이러한 충렬왕이기에 궁중잔치를 포함한 원 나라의 문화를 깊숙이 받아들였을 것이다.

요컨대 충렬왕 당대에 원은 동서 문화교류의 중심지로 이국적 문화수용에 적극적이었고 그 가운에 이슬람 문화수용이 두드러졌다. 원 문학은 기존 한족의 문학을 수용하면서도 그들 특유의 자유분방함과 외래음악의 적극 수용을 통해 산곡과 잡극을 만들어 냈다. 「쌍화점」은 원 잡극의 영향을 받았을 가능성이 높다. 아울러 원에 스며든 이슬람적 요소가 이 작품에 스며들 개연성이 높다.

「쌍화점」은 남녀관계, 특히 남성 한 명에 여성 둘 이상으로 묶이는 문란한 관계를 보여주고 있다. 이에 대한 윤리적 문제에서 갈등을 보이지 않는다는 것이 주목거리다. 이른바 남녀상열지사(男女相悅之詞)를 품고 있는 고려가요는 한국문학사에서 독특한 위치를 차지한다. 그 이전에도 그 이후에도 이러한 내용을 담은 문학작품이 나타나지 않았기 때문이다. 그 이유가 이슬람 요소가 침윤해왔기 때문인 것으로 보인다. 고려시대는 근대 이전의 역사에서 세계화가 두드러졌던 시기다. 따라서 문화와 문학 또한 이 흐름에 직간접적으로 영향을 크게 받았다고 할 수 있다.

[사진 3] 서안의 회족문화거리에 있는 양고기 상점.
집집마다 머릿수건을 쓴 위구르 여인이 가게를 지키고 있다.

5.

한국 현대시에도 서역문화는 큰 영향을 미쳤다. 돈황, 타클라마칸 사막, 누란, 투루판 등 서역이라는 공간을 작품 속에 수용한 시인들은 헤아릴 수 없을 정도로 많다. 서정주, 김춘수, 윤후명을 비롯해 송재학, 이승하, 박찬 등이 서역을 시적 상상력의 중심에 두고 작품을 썼다. 이 중 문단의 영향력을 감안할 때 서정주와 김춘수, 윤후명이 주요 대상이다.

서정주의 시가 불교적 세계관에 바탕을 두고 있다는 것은 널리 알려진 사실이다. 그의 시세계의 전반을 아우르는 정신의 주춧돌이 불교의식이다. 문학 텍스트에서 불교정신은 삶과 죽음의 경계를 지우고 더 높은 곳을 향한 정신적 초월의 과정으로 표현된다. 서정주의 경우, 불교의식을 기반으로 인간의 유한한 삶을 영원한 삶으로 치환하고자 하는 태도를 보여주었다. 그것은 서방정토 세계에 대한 추구로 이어진다. 때문에 그의 시에는 '서방' 혹은 '서쪽'이라는 시어가 자주 등장한다. 이 용어는 부처가 서역에서 태어났고 불교가 서쪽에서 전파되어 왔다는 데서 기인한다. 그리하여 불교 문화권에서는 서방정토의 개념이 성립되었다. 서정주 시에서 서방 지향의 경우는 「귀촉도」, 「서풍부」, 「서귀로 간다」, 「석굴관세음의 노래」, 「추천사」 등 많은 시편에서 찾을 수 있다.

눈물 아롱아롱
피리 불고 가신 임의 밟으신 길은
진달래 꽃비 오는 서역(西域) 삼만리.
흰 옷깃 여며 여며 가옵신 임의
다시 오진 못하는 파촉(巴蜀) 삼만리.

신이나 삼아 줄 걸, 슬픈 사연의
올올이 아로새긴 육날 메투리.
은장도 푸른 날로 이냥 베어서
부질없는 이 머리털 엮어 드릴 걸.

초롱에 불빛 지친 밤하늘
굽이굽이 은핫물 목이 젖은 새.
차마 아니 솟은 가락 눈이 감겨서
제 피에 취한 새가 귀촉도 운다.
그대 하늘 끝 호올로 가신 임아.

- 서정주의 시 「귀촉도」 전문

<사진 4> 서정주가 "진달래 꽃비 내리는 서역 삼만리"라고 노래한 이곳.
쿠차 신비 대협곡의 웅장한 자태가 사람을 압도한다.
위구르어로 '케질리아'로 불리는 이 협곡 바로 앞에는 쿠차강이 흐른다.

문내준은 서정주가 보여준 시병 지향의 불교적 상상력이 정토사상과 연관되어 있다고 밝힌다.[6] 정토사상은 신라시대 불교의 한 주류적 특성인 정토신앙과 밀접한 관계에 놓여 있다. 불교는 깨달음의 종교이다. 거기에 이르는 두 가지 길이 있으니 자력문과 타력문이 그것이다. 자력문은 지혜에 의해 스스로 모든 미망을 제거하고 번뇌를 극복하여 열반에 이르는 길이다. 타력문은 자력이 아닌 타력에 의한 구제의 길로 정토에 왕생하여 깨달음을 얻는 길이다. 이 타력문의 교설을 바탕으로 정립된 신앙이 정토사상이다.

서정주의 시에는 신라 불교적 특징인 미타신앙, 미륵신앙, 관음신앙이 문학적 상상력을 이룬다. 서정주 시에 등장하는 서역, 서녘, 도솔천 등의 시어들은 모두 정토사상과 연관된다. 이 서방 지향은 아미타불의 극락정토를 이상향으로 제시한다. 서정주의 정토사상은 이후 신라정신의 탐구로 이어진다. 또한 불교의 윤회론과 연기론을 기초로 한 시편들로 이어지면서 영원주의 시학을 완성하는 경로를 보여준다. 서정주 시에 나타나는 서방 혹은 서역은 비애의 정조를 담고 있는 경우가 많다. 정토신앙으로 구제해야 할 존재들, 삶의 고통과 비애에 놓인 중생들의 애환을 대신 읊기 위한 것이다. 첫 시집에 수록된 「서풍부(西風賦)」는 관음신앙을 저변으로 깔고 있고, 타력문의 정토신앙을 배경으로 하고 있다.

서방지향의 성격을 더욱 극적으로 보이는 작품이 「귀촉도(歸蜀途)」이다. 이 시는 1943년에 발표되었지만, 미당의 자전적 기록을 검토해보면

---

6 문태준, (2011), 「서정주 시의 西方 지향과 정토 사상」, 『순천향 인문과학논총』, 제28집, 5-39.

1936년 무렵에 창작된 것이다. 1936년 12월 《시인부락》에 발표된 시 「화사」와 비슷한 시기다. 주지하다시피 서정주의 초기 시는 뜨거운 피의 육성으로 점철된 세계였다. 그 시기에 다른 한편으로 이러한 한의 슬픔, 비극적 비애를 노래하는 시가 창작되었다는 것이 놀랍다. 한의 슬픔과 비애의 세계가 불교정신과 만나 서역으로 상징되는 정토에로의 지향을 드러낸 것이다. 그런 점에서 그의 시는 서방 지향이라는 일관된 흐름을 형성하고 있다고 할 수 있다. 서방지향을 보여주는 서정주의 시편들은 미당이 궁극적으로 도달하고자 한 영원주의 시학의 한 갈래였다.

6.

김춘수는 흔히 '꽃'의 시인으로 알려져 있다. 김춘수에게 '꽃'은 존재론적 형이상학 탐구의 결과물이다. 존재의 탐구는 당연히 언어의 관심으로 이끌어낸다. 그래서 그는 한평생 언어와 비언어, 의미와 무의미의 경계선상에서 시를 탐색했다. 그것이 유명한 무의미시론이다. 무의미시론을 주장하게 된 배경에는 폭력적 현실에 대한 극도의 혐오감이 깔려있다. 통영 부호의 자제로 현실과 직접 부딪치는 것을 극도로 꺼렸던 남다른 기질 탓이다. 섬약하고 섬세한 감수성이 선택한 길이다. 그래서 그는 자신의 시에서 구체적인 현실을 지워낸 것이다. 대신 그는 자신이 꿈꾸는 기억속의 현실을 그려냈다. 그것은 처용이라는 인물을 통해 드러난다. 현실의 진공상태에 신라의 설화적 인물을 내세운 게 아닐까 싶다. 그 처용은 유년시절의 아련한 기억을 불러내는 기호이다. 그에겐 어린 시절 할머니와 어머니의 손을 잡고 갔던 자기 집안 소유의 어느 작은 섬에 대한 이미지와 호주 선교사가 운영했던 유치원 사택의 이국적 이미지에 매료된 기억들이 원체험을 이루고 있다. 그것의 현현이 처용 이미지인 셈이다. 그래서 그는 무의미시론의 출발점인 『처용단장』 연작을 발표했고, 소설 『처용』도 상재했다.

몽환적이고 몽상적인 유년의 기억을 이끌어내던 통영 바다와 이국적인 호주 선교사 사택은 또 다른 공간으로 확장되었으니 서역의 누란(樓蘭)과 중앙아시아 초원의 상상력이 그것이다. 특히 누란이라는 공간은 그에게 특별한 의미로 전해진다. 누란은 과거 타클라마칸 사막에 있는 작은 나라였다. 누란에 대한 최초의 기록은 사기(史記)에서 찾아볼 수 있는데 실크로드의 중요한 지리적 위치를 차지하고 있어서 한나라와 흉노족이 호시탐탐 노리던 나라였다. 두 강대국 사이에서 균형을 이루며 번영을 누리던 누란이 흔적 없이 사라진 것은 세계사적 수수께끼이다.

지금은 돈황과 누란이 크게 알려져 있지만 김춘수가 이곳에 관심을 가졌을 때만 해도 이를 아는 사람이 드물었다. 서정주가 막연히 알고 있던 서역이라는 공간보다 훨씬 구체적인 지명인 셈이다. 이 사실을 김춘수는 스웬 헤딘의 『헤매는 호수』라는 책을 읽고 알게 된 것으로 보인다. 스웨덴의 탐험가 스웬 헤딘이 누란의 유적을 찾은 것이 1927년의 일이다. 그러나 김춘수가 누란에 관심을 갖게 된 것은 1959년 일본의 이노우에 야스시(井上 靖)가 펴낸 소설 『누란(樓蘭)』을 읽고 난 뒤인지도 모른다.

<사진 5> 누란이 자리한 타클라마칸사막의 중심도시인 투루판의 화염산.
영화 세트장처럼 꾸며놓았다. 이 언덕 바로 아래 배제클리크 천불동이 자리 잡고 있다.

김춘수는 누란의 유적이 2천년 만에 발견되었다는 사실과 거기에서 나온 '천세불변(千歲不變)'의 글자가 적힌 미라에 주목했다. 아득한 시공간의 환상적인 분위기에 매료된 그는 「누란(樓蘭)」이라는 시를 연달아 발표했다.

과벽탄(戈壁灘)
고비는 오천리 사방이 돌밭이다. 월씨(月氏)가 망할 때, 바람 기둥이 어디선가 돌들을 하늘로 날렸다. 돌들은 천년만에 하늘에서 모래가 되어 내리더니, 산 하나를 만들고 백년에 한 번씩 그들의 울음을 울었다. 옥문(玉門)을 벗어나면서 멀리멀리 삼장법사 현장도 들었으리.

명사산(鳴沙山)

그 명사산(鳴沙山) 저쪽에는 십년에 한 번 비가 오고, 비가 오면 돌밭 여기저기 양파의 하얀 꽃이 핀다. 봄을 모르는 꽃. 삭운(朔雲) 백초련(白草連). 서기 기원전 백이십년. 호(胡)의 한 부족이 그곳에 호(戶) 천오백칠십, 구(口) 만사천백, 승병(勝兵) 이천구백십이 갑(甲)의 작은 나라 하나를 세웠다. 언제 시들지도 모르는 양파의 하얀 꽃과 같은 나라

누란(樓蘭).

- 김춘수의 시 「누란(樓蘭)」 전문

산문시의 형식을 취하고 있는 이 시는 '과벽탄(戈壁灘)' '삭운(朔雲)' '백초련(白草連)' 같은 어려운 한자로 점철된 것이 특징이다. "오천리 사방이 돌밭"인 고비사막의 가혹한 자연조건과 범접할 수 없는 공간에 대한 언어적 반응이 어려운 한자의 선택으로 드러난 게 아닐까 싶다. 과거의 영광이 한순간에 사라지고 이천년 동안 수수께끼처럼 모래 속에 묻혔던 왕국의 신비는 "언제 시들지도 모르는 양파의 하얀 꽃"의 이미지로 재현된다. 이 시의 정조는 비탄의 감정 혹은 허무감. 한 왕국이 모래에 영영 사라져 버리고 만 역사에 대한 아쉬움을 드러낸다. 김춘수에게 서역이라는 현실적 공간은 별로 중요하지 않다. 그에게 이 공간은 유년의 시원적 기억을 담은 통영 바다나 이국적 분위기의 호주 선교사의 사택과 같은, 갈 수 없는 머나먼 이역의 공간과 다름 아니다. 그런 점에서 처용이라는 신라 시대의 인물 이미지와 동격이다.

김춘수의 시적 출발은 릴케의 초기 시에 닿아있다는 것은 널리 알

려진 사실이다. 릴케가 보여준 정서적 울림과 곡진한 서정은 언어 탐구에 진력했던 김춘수 시의 초기부터 진행되고 있었다. 그 사실을 잘 보여주는 작품이 「서풍부(西風賦)」다. 이 시는 그의 첫 시집인 『구름과 장미』(1948)에 수록되어 있다.[7] 한국 시단에 「서풍부」가 처음 소개된 것은 1938년 최재서가 펴낸 『해외서정시집』에 의해서다. 그는 19세기 영국의 낭만주의 시인인 퍼시 비시 셸리의 「서풍부」를 한국시단에 소개했다. 이 시의 마지막 행인 "겨울이 오면 어찌 봄이 멀 것이랴"는 구절은 아직까지도 회자되고 있다.

김춘수의 누란에 대한 관심은 중앙아시아 유목민족의 이미지 추구로도 나타난다. 김춘수의 시에는 한자로 기록된 유목민족의 내용이 적지 않게 나타난다. 흉노족, 예예족(芮芮族), 몽고족이란 시어가 수시로 출몰한다. '늙은 선우(單于)'. '북적전(北狄傳)', '늑대', '기마', '우루무치', '누루무치', '몽고', '오르도스' 등이 중앙아시아의 북방민족 이미지를 떠올리는 시어들이다. 이런 계통의 시편들은 1980년에 펴낸 『비에 젖은 달』에 집중적으로 수록되어 있다. 이 같은 중앙아시아 유목민족 이미지 추구는 자신의 시에서 역사와 현실을 지워내고자 했던 의도의 산물이라고 할 수 있다. 자신을 억압하는 모든 제도와 관습, 70년대와 80년대의 정치 상황에 대한 미적 반응으로 이어진 셈이다. 김춘수가 현실의 속박을 벗어나 이르고 싶은 공간이 곧 누란이다. 누란을 비롯한 통영 바다와 호주 선교사의 사택, 처용과 중앙아시아의 흉노들은 모두

7 이 시집에는 「귀촉도 노래 —躑躅에게」란 시가 수록되어 있다. 일견 서정주의 「귀촉도」를 떠올릴 수 있는 이 시에 촉(蜀)나라에 대한 시어가 나온다.

지금 이곳에 없는 것들을 떠올려주는 대상체다.

7.

김춘수가 그려낸 "양파의 하얀 꽃"과 같은 누란. 눈부신 흰색의 선명한 이미지를 담고 있는 이 시를 읽고 윤후명은 『누란의 사랑』을 썼다. 누란에서 일 년 만에 비가 한번 오면 피어난다는 양파의 하얀 꽃처럼 사랑의 속절없음에 좌절하는 두 남녀의 사랑과 이별, 그 사무침을 그려낸 게 이 소설이다. 버림받았으나 여전히 기억 건너편에 머물러 있는 사랑은 모두 누란이라는 슬프고 아름다운 이름을 갖는다.

윤후명은 소설가로 데뷔하기 전에 『명궁』이라는 뛰어난 시집을 간행한 바 있다. 한국 문단에 시와 소설 장르를 오간 작가가 적지 않다. 하지만 윤후명처럼 시 장르에서 추구했던 세계를 소설 장르에서도 고집스레 추구했던 작가는 드물다. 윤후명 소설의 매력은 산문과 시, 일상성과 낭만성의 경계지점에서 균형을 잡고 있다는 점에 있다. 그의 소설이 서사장르임에도 서정성을 잃지 않는 이유는 시의 특유한 영역인 서정성을 담아내었기 때문이라고 할 수 있다.

그동안 작가로 활동하면서 그가 펴낸 시 작품으로는 시집 『명궁(名弓)』(문학과지성사 1977), 『홀로 등불을 상처 위에 켜다』(민음사, 1992), 『쇠물닭의 책』(서정시학, 2017) 등이 있고, 시선집 『강릉 별빛』(서정시학, 2017)이 있다. 첫 시집인 『명궁』을 지배하는 정조는 허무감 혹은 비애감이다. 자신이 살고 있는 시대와 삶에 대한 좌절과 비애의 시적 반응이겠다. 그 탈출구가 먼 곳으로의 지향이다. 「성수(星宿)」, 「북만(北滿) 견골(肩骨) 노래」의 시에서 보여주는 시인의 태도는 암울한 현실을 벗어나 시원의 공간을 상정하고 그곳으로 떠나려는 것. 이 출구 찾기 혹은 행려의 길은 『돈황의 사랑』, 『누란의 사랑』의 소설을 통해 드러난다.

> 그 방에서의 동거 생활은 지지부진한 가운데 하루하루가 지나가고 있었다. 그런 가운데서도 나는 누란(樓蘭)에 대한 어떤 생각에 줄곧 사로잡혀 있었다. 누란의 서역지방의 폐허가 된 옛 오아시스 도시국가의 이름이다.
>
> \- 윤후명의 소설 「누란의 사랑」 한 구절

그렇다면 윤후명에게 서역은 어떤 이미지로 다가왔던가. 그의 소설 『돈황의 사랑』의 주인공은 북청 사자탈을 보고 서역의 사자나 사자춤을 추는 혜초를 떠올리고, 『모든 별들은 음악소리를 낸다』에서는 처용을 통해 아라비안나이트의 세헤라자데를 생각한다. 『누란의 사랑』에서는 서역 고대도시 누란에서 양파꽃을 떠올린다. 이 대상물이 하나같이 현실적 요소를 벗어나 있다는 것이 주목거리다. 달리 말해 이 대상들은 회상이나 상상의 공간이다. 돈황, 누란, 공후인 등은 현실에서 아득히 먼 곳에 있는 것들이다. 윤후명의 돈황과 누란에 대한 관심은 유별하다. 서역이 무엇이기에 작가는 『돈황의 사랑』, 『누란의 사랑』이라는 비슷한 제목의 소설을 써서 그곳을 기리는 것일까. 누란에 대한 집착은 남루한 일상 저 너머를 그리워하는 마음과 다름 아니다. 그것은 군부정치와 속화되어 가는 현실 때문에 발생되는 것들이다. 그 현실을 견딜 수 있는 힘을 그는 황폐함이 생기지 않은 원형의 삶에서 찾는다. 그곳은 환상의 공간이자 상상의 공간이다. 다시 말해 그 공간이 누란이다. 그러나 누란은 '서역지방의 폐허가 된 옛 오아시스 도시국가'에 불과하다. 소멸되어 버린 붕괴의 도시인 것이다. 그럼에도 그는 늘 누란을 그리워한다.

그의 소설들의 기본적 패러다임은 절름발이 애정과 황폐한 현실에 대한 혐오감, 그로부터 빠져나와 현실의 지평으로부터 사라진 것들에 대한 애정과 환상이 자리잡고 있는 구도다. 남루한 현실이 더 환멸스러울수록 꿈꾸는 현실은 더욱 영롱해진다. 고통스러운 현실세계를 벗어나 먼 곳에 존재하는 '아름답고 신비한 이상세계', 돈황과 누란과 같은 서역을 향하고자 한다. 곧 현실의 질곡에서 벗어나 영원과 궁극의 공간으로 가려는 소망이다. 지금-이곳이 곧 사라질 덧없는 것들의 표상이라면 사라짐의 운명을 초극하는 서역은 삶과 생명의 근원을 간직한 초시간성의 상징이다. 곧 환상으로서의 공간이 서역이다. 말하자면 그 환상 세계를 서역이라는 공간을 통해 드러낸 것이다. 순간과 영원, 소멸과 생성의 공간이라는 이미지를 지닌 공간으로 서역을 선택한 것이다.

8.

우리 민족은 아득한 옛날 시베리아와 중앙아시아의 초원길을 따라 만주벌판에 자리 잡았고, 그중 일부가 한반도로 이동해 오늘에 이르렀다. 그런 점에서 유목민족인 퉁구스 족의 선비(鮮卑)와 말갈(靺鞨), 여진(女眞) 족들이 모두 우리의 형제에 해당한다. 그러나 유사 이래 우리 민족은 북방민족의 영향보다는 중국의 한(漢)문화를 더 많이 수용하였다. 다른 한편으로는 도작(稻作)의 농경문화에 바탕을 둔 남방문화도 유입되었다. 곧 우리 민족의 문화형성은 북방 유목민의 천손(天孫) 신화와 농경민의 난생(卵生) 문화가 결합하여 조화를 이루어왔다. 민족역사의 태동기인 삼국시대 중엽부터는 불교문화와 중앙아시아 문화, 그리스도적 서양문화의 요소까지 스며들었다.

그럼에도 우리는 중국 한문화만 유입되었다고 여기지 서역문화나 유럽문화의 유입 양상은 소홀히 여겼다. 이 분야에 세계적인 학자인 정수일의 『신라-서역교류사(新羅-西域交流史)』(단국대출판부, 1992)가 나오고 난 뒤에 비로소 우리는 여기에 눈을 돌리게 되었다. 이 책은 중국과 한국, 일본 등의 한자문화권과 인도 내지 이슬람문화권 사이의 문물교류관계를 다루면서 신라와의 교류를 중점에 두고 살피고 있다. 중앙아시아에서 유입된 문물은 북청(北淸)과 하회(河回), 경주 대보름행사에 행해지는 사자춤과 사자놀이, 고구려의 호선무(胡旋舞)와 향악정재 가운데 하나인 무애(無㝵)와 같은 민속춤이 대표적이다. 악기로는 서역음악인 구자악(龜茲樂)이 도입되면서 국쟁(掬箏), 담고(擔鼓), 요고(腰鼓) 등이 들어왔고, 낯익은 악기인 비파(琵琶)와 장구, 공후(箜篌)도 이 시기에 들어왔다. 당초문(唐草文)과 비천문(飛天文) 등의 문양과 격구와 장기, 포도와 석류 등도 이 지역에서 온 것들이다. 그럼에도 우리는 왜 이러한 사실에 관심을 두지 못했는지. 특히 실크로드가 단지 중국 장안과 로마와의 교역길이라고만 알았지 신라와 연결된 길인지는 잘 모른다.

지난 해 나는 우리 학교 실크로드 중앙아시아연구원 탐사단의 일원으로 서역을 둘러보았다. 혜초가 밟았던 천산중로의 멀고먼 여로.

수많은 문학작품에서 등장했던 서역의 이미지, “진달래 꽃비 오는 서역 삼만리”의 꿈에나 가볼 수 있는 곳을 다녀오면서 오랜 세월 축적된 우리의 역사와 문화를 생각해보았다.

<사진 6> 실크로드 요충지인 투루판의 철문관은 서역과 동북아시아를 가르는 경계점이다. 절벽과 급류 사이로 좁은 길이 형성되어 있는데 작은 돌에 실크로드 옛길이라고 새겨져 있다.

처용이 돌아다니던 신라 동경의 거리, 희미한 흔적만 남긴 서역인들의 옛 자취를 떠올려 보았다. 경주를 갈 때마다 의아하게 생각했던 괘릉의 서역인상과 안강 흥덕왕릉의 무인상, 경주박물관에 보관된 로마의 유리제품과 페르시아의 보검의 의미를 되새겨보았다. 어쩌면 우리가 제대로 밝히지 못해서 그렇지 당시 실크로드는 분명히 존재했고

그 길을 통해 수많은 사람들이 오갔을 것이다. 알타이에서 혹은 바이칼에서 흘러 들어온 우리 민족. 말을 타고 중앙아시아의 초원을 누볐을 우리의 조상들을 생각해본다. 더불어 서역, 곧 중국의 신강지역으로 흘러 들어갔을 또 다른 조상들의 삶을 떠올려본다. 오늘날 우리가 해야 할 것은 바로 그 조상들의 족적을 밝히고 실크로드의 연관성을 따져보는 일이 아닐까 싶다.

신라 차와 실크로드

강 판 권(계명대학교 사학과 교수)

차나뭇과의 늘푸른떨기나무 차나무(*Camellia sinensis* L.)는 인류가 한 그루의 나무로 다양한 문화를 만든 생명체다. 차나무와 같은 의미를 지닌 또 다른 생명체는 뽕나뭇과의 갈잎큰키나무 뽕나무(*Morus alba* L.), 물푸레나뭇과의 늘푸른중간키나무 올리브나무(*Olea europaea* L.), 꼭두서니과의 늘푸른중간키나무 커피나무(*Coffea arabica* L.)를 들 수 있다. 4종의 나무들은 현재까지 인류가 한 그루의 나무로 만든 가장 위대한 존재다. 4종의 나무에서 발견할 수 있는 공통점은 모두 동식물의 학명을 체계화한 스웨덴의 식물학자 린네(Carl von Linné, 1707-1778)가 학명을 붙였다는 사실이다. 또 다른 특징은 뽕나무를 제외하면 모두 늘푸른나무라는 점이다. 굳이 또 하나를 더 든다면 중국 원산인 차나무와 뽕나무는 주로 잎을 이용한다는 점이다. 4종의 나무는 세계의 음식사를 바꾼 '혁명의 나무'이다. 4종의 나무 중에서 중국 원산인 차나무와 뽕나무만 우리나라에서 재배하고 있고, 나머지 두 종류는 기후 조건 때문에 노지에서 재배할 수 없다.

차나무 잎에서 만든 차는 우리나라 고대 물질문명 혹은 문화에 큰 영향을 주었다. 그러나 우리나라에는 아직도 차에 대한 '학문'이 없는 실정이다. 그만큼 우리나라 학자들이 차에 무관심했다. 우리나라 학자들이 차를 학문으로 이해하지 않았던 것은 기본적으로 '나무'를 독립적으로 학문의 대상으로 삼지 않았기 때문이다. 차나무에 대한 이 같은 현상은 뽕나무 잎에서 생산한 '비단'을 중심으로 탄생한 '실크로드학'과 대조를 이룬다. 그 결과 차는 지금까지 식품영양학 차원에서 다루고 있을 뿐이다. 인문학 차원에서는 겨우 2000년 대 이르러서야 학자들이 관심을 갖기 시작했다.

나는 2006년 『차 한 잔에 담은 중국의 역사』를 통해 차를 학문으로 접근했다. 나의 책은 우리나라에서 학자가 차를 학문으로 이해한 거의 최초의 작품이다. 그러나 나도 차를 실크로드 차원에서 이해한 적이 없었지만, 우리나라의 차를 이해하기 위해서는 반드시 실크로드 역사와 관련해서 살펴야 한다. 우리나라가 고대부터 지금까지 중국에서 수입한 모든 차는 육지든 바다든 실크로드를 통해서 들어왔기 때문이다. 신라 차는 우리나라가 실크로드를 통해 들여온 가장 이른 시기의 물질문명이자 정신문화다. 따라서 신라 차는 우리나라 실크로드의 역사를 이해하는 데 매우 중요한 위치를 차지한다.

1. 차, 인류 최고의 선물

차는 인류가 창조한 가장 위대한 식품이자 문화다. 나무에서 만든 것 중에서 차만큼 인류의 역사에 큰 영향을 주고 있는 사례가 없기 때문이다. 차는 차나무의 잎에서 만든 것만을 의미한다. 그러나 우리나라에는 옥수수 수염차, 둥글레차 등 차 이외의 식품에도 '차'를 붙여서 사용한다. 차 이외의 차는 모두 차를 대신한 '대용차'라 불러야 정확하다. 차는 차나무의 잎에서 만든 이름이지만 다른 용어도 있다. 차를 의미하는 이름은 가(檟), 설(蔎), 천(荈), 명(茗) 등이 있다. 그 중 차는 가장 먼저 딴 것이고, 가장 늦게 딴 것은 명이다. 천도 늦게 딴 이름이고, 설은 향기를 강조한 이름이다.

차의 이름은 중국 최초의 한자 사전 『이아(爾雅)』와 중국 차의 성인이자 세계 최초의 차 선문서 『다경(茶經)』에서 확인할 수 있다. 특히 차는 육우가 만든 글자이다. 그래서 차의 글자가 생기기 전에는 차 이외의 이름을 사용했다. 현재 다섯 종류의 차 이름 중에서 가장 많이 사용하는 것은 차와 명이다. '명'자를 사용한 예는 다산 정약용이 혜장스님에게, 추사 김정희가 초의선사에게 차를 달라는 내용을 담은 '걸명시(乞茗詩)'에서 확인할 수 있다. '열매와 꽃이 만난다'는 '실화상봉수(實花相逢樹)'는 차의 별칭이다. 열매와 꽃을 동시에 볼 수 있는 차나무의 이 같은 특징은 다른 나무에서는 거의 찾아볼 수 없다.

차나무 꽃과 열매

차나무의 원산지는 학자들 간 의견이 분분하지만, 식물과 동물의 학명을 체계화한 스웨덴의 식물학자 린네가 붙인 차나무의 학명, 즉 카멜리아 시넨시스 리나에우스(*Camellia sinensis* L.)는 원산지가 중국으로 표기되어 있다. 학명 중 '카멜리아'는 동백나무를, '시넨시스'는 중국을, '엘'은 리나에우스, 즉 린네를 의미한다. 린네가 확립한 학명은 모두 라틴어로 표기하기 때문에 반드시 라틴어로 읽는 게 원칙이다.

차는 발효 정도에 따라 녹차, 반발효차, 발효차 등으로 나눈다. 중국의 경우 발효 정도에 따라 녹차(綠茶), 백차(白茶), 황차(黃茶), 청차(靑茶), 홍차(紅茶), 흑차(黑茶) 등으로 나눈다. 이 같은 제다법은 청대에 완성되었으며, 1950년대부터 중국에서 이를 육대다류(六大茶類)라 부른다. 차의 종류는 어떤 찻잎을 사용하는가도 중요하다. 차나무는 게놈의 분석 결과 크게 중국종과 아삼종으로 나눈다. 두 종이 갈라진 것은 지금부터 약 100만 년 전의 일이다. 현재 중국종은 주로 중국의 여러 곳에 퍼졌고, 아삼종은 대략 중국 남서부와 인도 북동부에 퍼졌다. 아삼종은 대체로 잎이 크고, 중국종은 대체로 잎이 작다. 잎의 크기에 따라 차의 종류가 다를 수 있지만, 반드시 그렇지도 않으니 유의해야 한다.

2. 한국 차의 유래와 실크로드

역사에서 기원을 찾는 일은 아주 어렵다. 자료가 부족하기 때문이다. 한국 차의 기원도 자료 부족 때문에 쉽지 않다. 『삼국사기·신라본기』 제10의 기록은 우리나라 차의 역사를 이해하는데 아주 귀중한 자료다.

> 흥덕왕 3년(828) 당나라에 조공 사신 중 대렴(大廉)이 돌아오는 길에 차 종자를 가져왔다. 이에 흥덕왕이 지리산에 심도록 했다. 차는 선덕왕 때부터 있었지만 이에 이르러 유행했다.

『삼국사기』의 기록은 우리나라 차의 역사를 가장 명확하게 보여주는 증거지만, 내용을 둘러싼 해석은 아직도 분분하다. 『삼국사기』의 기록 중 주목할 것은 대렴이 중국에서 가져온 차씨가 실크로드의 산물이라는 점이다. 실크로드는 비단만이 아니라 다양한 종류의 교류가 이루어졌다. 정수일은 실크로드를 통한 물질문명의 교류를 비단은 물론 유리, 보석류, 종이, 도자기, 향료, 인쇄술, 연단술과 화약, 나침빈 등을 언급하고 있지만, 차에 대한 언급은 찾아볼 수 없다. 그러나 한국은 신라시대를 비롯해서 그 이후에도 중국에서 엄청난 양의 차를 수입했다. 일본의 경우도 송나라 때 승려 에이사이(榮西)가 중국에서 차를 수입했으며, 일본 최초의 다서인 『끽다양생기(喫茶養生記)』를 저술했다. 아울러 19세기 중엽 영국의 식물채집자인 로버드 포천(1812-1880)은 1848년 8월에 중국의 복건성 무이산 차나무를 인도로 가져갔다. 인도의 차나무도 결국 실크로드의 산물이다. 따라서 실크로드 물질문명의 교류에는 반드시 차도 포함해야 한다. 그래서 대렴이 차씨를 가져온 과정은 신라의 실크로드 역사에서 아주 중요한 부분을 차지한다.

무이산 차나무의 대홍포

무이산 차밭

흥덕왕의 명령에 따라 당나라 사신으로 간 대렴이 인덕전(麟德殿)에서 문종(文宗, 809-840)을 만난 후 돌아오면서 차씨를 가져온 과정은 많은 상상을 낳는다. 인덕전은 측천무후의 남편인 고종 때 건립했다. 인덕전은 고종의 두 번째 연호인 인덕을 딴 이름이다. 당나라 대명궁전 중 하나인 인덕전은 태액지(太液池)에 위치하고 있으며, 황제가 연회를 베푸는 장소다. 그런데 대렴이 공식 업무를 마치고 신라로 돌아오는 길에 차씨를 가져왔다면 어디서 구했는지가 궁금하다. 상식적으로 생각하면 당나라 수도 장안에서 지인을 통해 구했을 가능성이 아주 높다. 아울러 대렴이 자발적으로 차씨를 가져왔는지, 아니면 흥덕왕의 명령이 있었는지도 궁금하다. 왕의 명령을 받았다면 반드시 구해야 하지만, 대렴이 자발적으로 차씨를 가져왔다면 그 이유는 무엇인지도 궁금하다. 자발적으로 가져왔다면, 인덕전 연회 장소에서 차를 마신 경험이 크게 작용했을 것이다. 대렴이 당나라에 간 시대는 이미 중국에서 차가 성행했기 때문에 대렴도 장안에서 차에 대한 정보를 충분히 얻었을 가능성이 높다.

우리나라 차의 역사를 중국 중심으로 해석하는 것은 한국의 물질문명이 대부분 중국의 영향을 받았을 것이라는 선입견과 문헌 중심의 편견과 무관하지 않다. 아울러 우리나라 차 문화와 밀접한 관련이 있는 불교도 중국 중심으로 이해하고 있는 것과 상당한 관계가 있다. 우리나라 차나무 재배 혹은 차의 기원과 관련해서 중요한 국가가 인도와 가야다. 일부에서는 대렴이 중국에서 차씨를 가져오기 전부터 우리나라에 차 문화가 존재했다는 증거로 인도와 가야를 언급하고 있다.

한국 차의 인도 유래설과 관련해서 중요한 유적은 경북 경주시 양북면에 위치한 기림사 약사전 내부 서쪽의 벽화다. 벽화의 좌측에는 차를 들어 바치는 사람, 우측에는 차를 받는 인물과 조수 등 세 명의 인물이 등장한다. 기림사의 관계자들은 차를 받는 인물이 기림사를 창건한 광유스님이고, 차를 바치는 인물이 광유스님이 데려와 급수봉다(汲水奉茶)의 일을 맡겼던 인도의 사라수대왕이며, 조수가 사라수대왕을 기림사로 데려온 인도 승려라고 해석한다. 그들은 이 같은 사실에 근거해서 한국의 차는 2000년 전부터 인도에서 건너와서 우리나라에 뿌리를 내렸다고 평가한다. 따라서 기림사 약사전의 내용을 믿는 사람들은 기림사가 한국 차의 뿌리라고 거의 단언한다. 아울러 인도설을 주장하는 사람들은 광유스님에 관한 전설이 세종대왕이 지었다는 「월인천강지곡(月印千江之曲)」에서도 언급하고 있다는 점을 강조한다. 기림사는 선덕왕 12년(643)에 원효가 중창하고 이름을 기림사(祇林寺)라 지었다. 기림사는 석가가 인도에서 가장 오래 머물렀던 기원정사(祇園精舍)의 '기'와 광유 스님이 창건한 임정사(林井寺)의 '임'을 따서 붙인 이름이다.

벽화가 있는 현재의 약사전은 1654년 세 차례 중창한 건물이다. 따라서 벽화의 내용만으로 한국의 차 역사를 해석할 수는 없다. 기림사가 한국 차의 뿌리라는 것을 증명하려면 기림사의 창건 설화를 사실로 받아들일 때만 가능하다. 만약 기림사 창건 설화를 믿을 수 있느냐의 문제는 별개로 하고, 원효가 기림사를 중창한 시기와 비교하면 대렴이 중국에서 차씨를 가져온 시기보다는 상당이 앞선다. 그러나 원효의 기림사 중창 때 약사전의 벽화가 있었는지를 알 수 있는 자료가 없는 상황에서 기림사 중창이 반드시 광유스님의 설화를 증명하는 것은 아니다. 약사전의 벽화는 약사전을 만들면서 광유스님의 설화를 바탕으로 만들 수 있기 때문이다. 그러나 한 가지 분명한 것은 기림사는 현재 주변에 차밭이 있고, 안명수(眼明水), 감로수(甘露水), 장군수(將軍水), 화정수(和靜水), 오탁수(烏啄水) 등 기림사 오종수(五種水)에 관한 얘기도 있기 때문에 우리나라 차를 이해하는 데 중요하다는 점이다.

기림사 약사전

기림사 약사전 차 그림 벽화

가야의 차와 관련해서는 『삼국유사』권2, 「가락국기」에 문무왕 즉위 해인 661년 "수로왕의 17세손 갱세급간(賡世級干)이 문무왕의 명을 받아 명절 때마다 술과 식혜를 마련하고, 떡·메·차·과일 등을 갖춰 제사를 지냈다"는 기록이 있다. 『삼국유사』의 기록은 대렴이 중국에서 차씨를 가져온 시기보다 훨씬 빠르다. 현재 김수로왕이 세운 금관가야의 김해에서는 이른바 '장군차'를 생산하고 있다. 일부 차인들은 김해의 장군차가 김수로왕의 부인인 허황후가 중국을 통해 가져온 차씨로 태어난 나무로 이해하고 있다. 그러나 우리나라의 차나무가 어디에서 왔는지를 정확하게 이해하기 위해서는 각 지역의 차나무에 대해 게놈분석을 하지 않는 이상 섣불리 판단할 수 없다.

3. 개암사와 원효방

흥덕왕 때 대렴이 중국에서 차씨를 가져오기 전부터 신라는 당나라와 활발하게 교류했다. 특히 신라 승려의 당나라 유학은 중국의 차를 이해하는 데 아주 중요하다. 당나라 유학 승려들이 유학 시절 사찰에서 차를 마신 경험으로 귀국하면서 차를 가져왔을 가능성이 아주 높지만, 실크로드 역사에서 이 부분은 빠져 있다.

전라북도 부안군 개암사에는 신라의 승려 원효(元曉, 617-686)가 차를 마셨다는 원효방이 있다. 원효방은 634년(무왕 35) 묘련(妙蓮)이 창건한 백제의 고찰 개암사(開巖寺)의 우금암(禹金巖)에 있다. 676년(문무왕 16) 원효는 의상과 함께 이곳에 이르러 개암 아래 굴에 머물면서 개암사를 중수했다.

개암사 원효방

개암사 입구 차밭

나는 어느 해 여름에 이곳을 찾았다. 조선후기 문인화가 강세황(姜世晃, 1713-1791)은 1770-1771년 부안 지역을 유람하면서 《우금암도(禹金巖

圖)》를 그렸다. 그가 그림과 함께 남긴 글은 다음과 같다.

> 가마를 타고 올라가니 바위 밑에 굴이 있었다. 크기는 백 칸의 집과 같고 깊이는 수십 길이 되는데, 벽의 무늬가 중앙으로 나 있어 마치 화려한 비단 같았다. 이것이 우진굴(禹陳窟) 일명 우금굴(禹金窟)이라 한다. 굴 앞에는 조그만 암자가 있는데, '옥천암(玉川庵)'이라는 세 글자가 걸렸다. 굴 앞에는 작은 난초가 있어 마치 굴을 둘러싼 듯하다.

현재 개암사 입구에는 전북 부안을 대표하는 차밭이 있다. 부안은 고창 선운사와 함께 우리나라 차를 대표하는 산지 중 하나다.

우금암

강세황의 우금암 그림

4. 신라 흥덕왕릉과 헌다

경주 안강읍 육통리에 위치한 신라 제42대 흥덕왕의 능은 자연생태의 보고이자 우리나라 차의 성지다. 흥덕왕릉 앞의 소나무 숲은 우리나라 소나무의 형태 중 '안강형(安康型)'의 현장이고, 흥덕왕 때 중국에서 차씨를 가져왔기 때문이다.

흥덕왕릉

헌다 모습

현재 경주와 포항의 차인들은 매년 흥덕왕릉에 차를 바치는 헌다례(獻茶禮)를 실시한다. 나도 한 차례 이곳에서 간단하게 차를 올렸다.

쌍계사는 한국 차의 역사에서 빼놓을 수 없는 성지다. 하동군에서 우리나라 차시배지로 설정한 곳이기도 하고, 우리나라에서 가장 나이가 많은 차나무가 살고 있는 곳이기 때문이다. 특히 최치원의 「지리산쌍계사진감선사대공탑비(智異山雙溪寺眞鑑禪師大空塔碑)」(국보 제47호, 이하 '진감선사비')에 중국차에 대한 정보가 있기 때문이다. 진감선사비는 최치원의 사산비명(四山碑銘) 중 가장 먼저 쓴 작품이다. 비의 주인공인 진감선사는 쌍계사 국사암에 거처했던 혜소(慧昭)다. 진감선사비에는 차와 관련해서 다음과 같은 내용이 기록되어 있다.

> 중국의 차를 바치는 사람이 있으면, 땔나무로 돌솥에 불을 때서 가루로 만들지 않고 달이면서, "나는 이것이 무슨 맛인지 모른다. 그저 배를 적실뿐이다."

국사암 혜소 영정

쌍계사 진감국사비

최치원(崔致遠, 857-?)은 우리나라 차의 역사에서 아주 중요한 인물이다. 당나라 수도 장안에 유학하면서 당나라 차 문화를 직접 경험한 대표적인 인물이기 때문이다. 그가 당나라 유학시절 차를 즐긴 사례는 지금의 하북성(河北省) 유주(幽州)의 태보(太保) 이가거(李可擧, ?-885)에게 보낸 편지(「幽州李可擧太保」) 5통 중 3 번째에서 은으로 장식한 다완(茶碗)을 언급한데서 알 수 있다. 아울러 최치원은 산동의 수주(壽州) 장고(張翶)에게 보낸 명령 문서(「壽州張翶」)와 산동 운주(鄆州) 경원심(耿元審)에게 보낸 명령 문서(「鄆州耿元審」)에 의하면, 황소의 난 때 각각 차와 약, 오취차(烏觜茶) 2근을 보냈다. 최치원이 언급한 오취차는 김종직(金宗直)의 『점필재집(佔畢齋集)』권10 중 「다원(茶園)」에서도 등장한다. 최치원이 당나라에서 차 생활한 증거는 『계원필경집』권18 중 햇 차에 감사하는 편지(「謝探請料錢狀」)에서 확인할 수 있다. 아래의 글은 당시 최치원이 자차법으로 차를 마셨음을 보여준다.

오늘 종군사 유공초(兪公楚)가 처분을 받들어 전달하고, 아울러 앞의 건(件)

> 으로 햇 차를 보내왔습니다. 엎드려 생각건대 이 햇 차는 촉(지금의 사천)에서 빼어난 기운을 받았고, 수원(隋苑)에서 꽃다움을 뽐냈습니다. 이제 따고 덖는 공력을 다해 바야흐로 정화로운 맛을 갖추었으니, 초록빛 우유를 금솥에 끓이고, 향기 나는 기름을 옥그릇에 띄워 마땅할 것입니다.

실크로드를 통해 중국의 차가 우리나라에 들어온 결정적인 자료는 『계원필경집』권18 중 아래의 최치원이 급료를 요청한 글(「謝探請料錢狀」)에서 확인할 수 있다.

> 더구나 고향으로 가는 사신이 없어 집으로 편지를 부치기도 어려워 다만 부모님을 그리는 시나 읊으며 바다 건너로 소식을 전하지 못했습니다. 그러던 중 본국 사신의 배가 바다를 건너간다 하니, 차와 약을 사서 집으로 보내는 편지와 함께 부치려 합니다.

최치원은 차와 약을 신라 사신의 배를 통해 고향의 부모에게 보냈다. 이런 점으로 보면 중국의 차가 육지만이 아니라 바다를 통해 신라에 들어갔다는 것을 알 수 있다.

6. 「장흥보림사보조선사창성탑비」와 '청태전'

전남 장흥군 유치면에 위치한 보림사(寶林寺)는 불교사에서 아주 중요한 위치를 차지한다. 보림사는 우리나라 선종의 출발인 구산(九山) 중 하나로 신라 경덕왕 때 화엄종의 큰 승려 원표대덕(元表大德)이 세워 헌안왕 치하 체징(體澄) 때 크게 성했다. 체징은 837년(희강왕 2) 정육(貞育)·허회(虛會) 등과 당나라에 가서 수도하고 840년(문성왕2) 귀국했다. 그가 죽자 왕은 그에게 보조선사(普照禪師)라는 시호를 내리고, 탑호(塔號)는 창성(彰聖)이라 했다. 곧 「장흥보림사보조선사창성탑비(寶林寺普照禪師彰聖塔碑」(보물 제158호)다.

보림사 전경

보조선사탑비 전경

보조선사는 보림사의 역사에도 아주 중요한 인물이지만 한국 차의 역사에서도 매우 의미 있는 주인공이다. 우선 탑비 내용 중 헌안왕이 김언경을 보내 보조선사에게 '차약(茶藥)'을 보냈다는 기록에 주목할 필요가 있다. 차약은 차와 약을 의미한다. 비문에 '차약'을 언급한 것은 보림사의 차 역사에서 매우 중요하다. 보조선사는 859년부터 880년 입적까지 20여 년 동안 보림사에서 생활하면서 차를 즐겨 마셨을 것이다.

보조선사가 보림사에서 차를 마셨다는 사실을 방증하는 또 다른 배경은 보림사가 한국 조계종의 전통을 계승한 사찰이라는 사실이다. 체징은 중국 남종선, 즉 육조 혜능의 선법을 우리나라에 처음 전한 도의(道義)의 제자인 염거(廉居)의 제자였다. 도의는 중국 당나라에서 37년 동안 유학하다가 821년(헌덕왕 13) 귀국 후 설악산 진전사(陳田寺)로 들어가 40년 동안 수도하다가 염거에게 남종선을 전하고 입적했다. 도의는 통일신라 말 중국 남종선을 이은 구산문(九山門) 중 859년 가지산문(迦智山門)을 연 개산조(開山祖)이다. 그는 다시 광동 조계(韶溪) 남화사(南華寺)에 가서 혜능을 참배했다. 도의가 광동 조계에서 혜능을 참배했다는 것은 곧 그가 혜능의 중국 남선종을 계승한 인물이라는 것을 의미한다.

도의의 당나라 이력 중에서 남화사에서 혜능을 참배한 것만큼 중요한 것은 현재 강시성 남창부(南昌府) 봉신현(奉新縣) 백장산(百丈山)에 살던 백장회해(百丈懷海, 749-814년) 선사를 만난 사실이다. 백장회해는 당나라 남선종에서도 아주 중요한 비중을 차지할 뿐 아니라 선가의 차 문화에도 매우 중요하기 때문이다. 중국의 남선종은 백장회해를 거쳐 위산영우(潙山靈祐, 771-853)의 위앙종(潙仰宗), 임제의현(臨濟義玄, ?-867)의 임제종(臨濟

宗)이 탄생했다. 우리나라의 조계종은 바로 임제종이다. 이런 점에서 보면 도의가 백장회해를 스승으로 삼은 것은 우리나라 선종사에서 아주 의미 있는 일이다.

도의가 스승으로 모신 백장회해는 이른바 정원연간(貞元年間, 785-804) '백장청규(百丈淸規)'를 제정한 승려로 유명하다. 백장청규는 선문(禪門)의 직책에서 식사에 이르기까지 선종 종단의 규율을 담고 있다. 우리나라 차 역사에서 백장청규를 고려해야 하는 것은 내용 중 결제, 해제, 동지, 설날 등 큰 행사 때 총림의 방장이 대중을 청해서 차를 마실 때 규범을 자세하게 수록하고 있기 때문이다. 백장청규의 차 관련 규정은 당시 불교에서 보편적으로 수용했을 가능성이 높다는 점에서 불교 다례사(茶禮史)에서도 중요한 의미를 갖는다. 백장이 청규에서 차 관련 규정을 마련한 것은 당시 중국 당나라에서 차 문화가 상당히 성했기 때문이다.

도의는 스승인 백장은 물론 당시 선종에서 유행한 차 문화를 자연스럽게 체득한 후 고국으로 돌아와서 차를 마시면서 수행했을 것이다. 도의의 수행 과정은 보조선사에게도 이어졌을 터이다. 보림사의 이른바 '청태전(靑苔錢)'은 한국 차 역사의 중요한 증거다. '청태전'은 발효과정에서 푸른 파래나 이끼처럼 변해서 붙인 이름이다. 청태전은 보림사 사하촌에서 대대로 동전 모양으로 만든 돈차[錢茶, 떡차]를 의미한다.

보림사 입구 청태전 광고

돈차

맺음말

차는 한 그루의 나무가 만든 융합 학문이다. 차를 이해하기 위해서는 무엇보다도 차나무에 대한 생태를 알아야 한다. 차는 기후와 토양에 따라 잎과 맛이 다르기 때문이다. 그래서 차나무는 재배 조건이 아주 까다롭다. 차를 이해하기 위해서는 차를 만드는 방법, 즉 제다(製茶)를 알아야 한다. 제다는 시대마다 다를 뿐 아니라 제다 방법에 따라서 차의 맛도 상당히 다르기 때문이다. 우리나라에서 차나무가 자생했더라도 차를 만드는 방법을 모르면 차의 가치는 없다. 찻잎을 따서 차를 만들기까지는 무척 어려운 과정이 필요하다. 그래서 차를 이해하기 위해서는 차 생산 농가에 대한 사회생태도 충분히 고려해야만 한다. 차를 이해하기 위한 마지막 단계인 차를 마시는 행다(行茶)와 차 맛을 평가하는 품평(品評)을 알아야 한다. 행다에는 차를 마시는데 필요한 다구에 대한 이해는 물론 차를 마시는 절차인 다례(茶禮)에 대한 이해도 필수다.

우리나라의 차 연구는 차 관련 문헌의 집대성과 함께 차나무 현장까지 파악하는 과정을 기다려야만 본격적으로 시작할 수 있다. 우리나라는 아직 차 연구에 필요한 기초조차 갖추지 못한 상태다. 이런 기초 작업은 차를 실크로드 역사와 관련해서 연구할 때 매우 중요하다.

제5장

교류의 가치와 코스모폴리탄 혜초

김 중 순(계명대학교 명예교수, 실크로드중앙아시아 연구원장)

낯선 길 위에서 깨달은 삶의 의미를 꼼꼼히 기록한 영혼들! 박지원(1737-1805)도, 이븐 바투타(1304-1368)도, 마르코 폴로(1254-1324)도 견문을 넓히기 위해 돈과 시간을 쏟아부은 사람들이다. 박지원은 요동·요하、북경 등지를 여행하면서 청나라의 문물과 생활 기술 전반을 자세히 살폈다. 그의 기행문 『열하일기』(熱河日記)에서는 청나라와 신문물을 소개하는 동시에 배워야 할 점을 논하였고 조선의 전반적인 문제에 대해 진보적인 시각으로 비판하였다. 이븐 바투타와 마르코폴로는 1997년, 미국의 『라이프』지에서 선정한 지난 1000년 동안의 위인 100명 가운데 포함되기도 했다. 우리에게는 『동방견문록』의 저자인 마르코 폴로가 훨씬 더 유명하지만, 동시대인인 이븐 바투타의 여정도 『여행기』의 기록으로 남아있다. 지중해 연안에서 중국까지 다녀온 것은 비슷하고, 여정의 햇수도 각각 23년과 25년으로 비슷하다. 마르코 폴로는 그 중 17년간 오로지 중국에만 머물렀던 데에 반해, 이븐 바투타는 훨씬 넓은 지역을 주유했다. 움직일 때 그들은 빛났고, 움직이면서 무엇인가 기록을 남겼기에 그들은 위대했다.

세계 여행은 요즘도 그리 쉬운 일은 아니다. 그러나 이마 푸른 소년 혜초는 704년경 신라에서 출생하여 16살이 되던 719년에 바깥세상을 향해 떠났으니 지금으로부터 무려 1300년 전의 일이었다. 당나라로 유학을 떠난 그는 400명의 신라승 가운데 하나였다. 그리고 남천축 출신인 금강지로부터 가르침을 받았다. 혜초가 광저우를 떠나 배에 오른 것은 그로부터 몇 년 후인 723년, 열아홉의 나이였다. 그는 스승이 왔던 길을 거슬러 천축국에 닿은 것이다. '천축'은 중국 사람들이 '티안쭈'(tiānzhú)라고 부르던 인도의 옛 이름으로 인더스 강을 일컫는 페르시아어 '헨뚜' 또는 미얀마어 '턴뚜'에서 유래한 것으로 짐작된다. 혜초가 이 천축, 즉 인도 대륙을 크게 동천축, 서천축, 남천축, 북천축, 중천축 등 5개 지역으로 나누어 돌아보고 남긴 기록이 『왕오천축국전』(往五天竺國傳)이다.

혜초는 바닷길을 택해 동천축 연안에 상륙했다. 바닷길은 초원길, 사막길과 함께 동서 문명이 교류하는 3대 핵심 여행길 중 하나였다. 그리고 4년 동안 그는 철저히 길 위의 영혼이었다. 다섯 천축국은 물론이고, 대식국(아랍)까지 여행하며 보고 들은 바를 기록했다. 혜초 같은 학승이 이슬람 권역까지 갔을 리 없다는 견해도 있지만, 여정은 바뀌기 마련이며 때로는 생의 경계까지 넘는 것이 바로 여행의 매력이다. 그는 여행을 마치고 723년 11월 안서도호부 소재지인 쿠차를 거쳐 당의 수도 장안에 돌아왔다. 그리고 40여년 간 여러 사찰을 전전하면서 주로 밀교 경전의 한역과 연찬에 몰두하다가 780년 오대산 건원보리사에서 입적하였다. 그러나 그가 신라인이었음은 의심할 바 없다. 금강지의 제자인 불공이 유서에 혜초를 '신라인'이라 명시했고, 무엇보다도 혜초 스스로 남천축국을 지나며 고향 '계림'을 그리는 심정을 시로 읊었기 때문이다. "내 나라는 하늘가 북쪽에 있고/ 남의 나라는 땅끝 서쪽에 있네/ 남방에는 기러기마저 없으니/ 누가 소식 전하러 계림으로 날아가리."

혜초가 우리에게 중요한 이유는 단순히 신라인이기 때문이 아니라 세계인의 삶을 살았기 때문이다. 그의 여행은 특별했다. 선행자들과는 달리 아시아 대륙의 중심부를 해로와 육로로 일주했다. 그의 발길은 인도는 물론, 멀리 서쪽으로 이슬람 세계인 아랍(大食)과 페르시아(波斯), 그리고 비잔틴(大拂臨)까지 향했다. 그리고 『왕오천축국전』에 그 기록을 남겼다. 출발지에서 목적지로 가는 방향과 소요시간, 그리고 왕성(王城)의 위치와 규모, 통치상황, 대외관계, 특산물과 음식, 의상과 풍습, 언어, 불교와 이교도들에 대해서도 간명하게 기술했다. 왕과 백성들 옷은 한가지로 구별이 없고, 음식을 먹는 데도 귀천을 가리지 않고 함께 한 그릇에서 먹으며, 무릎 꿇고 절하는 법이 없다고 했다. 실제로 가보지 않고서는 묘사하기 어려운 내용이다. 아프가니스탄에서 서쪽을 향했다고 했으니 아마도 지금 이란의 마샤드(Mashhad)를 거쳐 당시 호라산 총독부가 있던 니샤부르(Neyshabur)까지 갔던 것으로 짐작할 수 있다.

실제로 니샤부르는 신라 고분에서 출토된 새머리형 유리병을 닮은 유리병을 비롯하여 페르시아에서 가장 많은 중국 도자기들도 출토된 곳이기도 하다. 그 길은 고대부터 이용되어 온 실크로드 오아시스 육로의 한 구간이었다. 일찍이 기원전 4세기 초 알렉산드로스가 페르시아를 공략할 때 이 길을 밟았고, 14세기 말 마르코 폴로도 아프가니스탄을 향할 때 이 길을 따라 파미르 고원을 넘었을 것이다. 혜초는 이곳의 지리적 정보는 물론이거니와 당시 페르시아가 아랍에 병합되었다는 사실도 알고 있었다. 우마이야조 10대 칼리프 히샴(724~743)이 시리아에 거주하고 있다는 상황도 파악하고 있었다. 시리아와 비잔틴에 대해서는 '하느님을 믿고 불법을 모른다(事天不識佛法)'고 했다. 기독교와 이슬람에 대한 관심과 이해가 상당했을 것이고 당시 페르시아와 아랍에 관한 역사 인식도 가볍지 않았을 것이다.

그의 발길은 불교와 상관없는 땅까지 이어졌다. 『왕오천축국전』은 인도만이 아니라 오늘날의 파키스탄에서 페르시아에 이르는 넓은 의미의 서역에 관한 다양한 정보를 전하고 있다. 따라서 고대 동서양의 교역로인 실크로드 연구에 귀중한 자료이다. 그러나 밀교의 중심 도장으로 현장과 의정이 수도했고, 당시 대부분의 구법승들이 목표로 삼았던 도시 날란다(Nalanda)는 그의 기록에 언급조차 되지 않는다. 그가 쓴 문장은 건조하기 이를 데 없다. 한 문장을 현대어로 풀면 '여행자는 한 달 만에 구시나국에 이른다'는 식이다. 한 달의 여정을 어떻게 이처럼 단 한 문장으로 압축한단 말인가? 그의 여정에 관한 기록도 막상 신라를 떠나 당나라 광쩌우를 거쳐 인도로 향한 기록도 전해지지 않는다. 이런 특별함 때문에 그의 여행기가 긍정적인 평가를 받지 못하는 것도 사실이다.

여행의 성과 또한 그리 주목받을 만한 게 없다. 그의 기록 언어라고 할 수 있는 한문 실력은 어설프기 그지없었고, 경전에 대한 경외심도 그리 드러나지 않는다. 그의 기록은 자신이 본 것과 기억에 의존했을 뿐, 여행을 떠나기 전에 그 어떤 학문을 진지하게 연마했다는 증거도 없다. 다른 순례자들처럼 경전을 필사하지도 않았고, 성지로부터 경전을 구해오지도 않았다. 다른 여행자들과 비교를 해도 그의 업적은 크게 두드러지지 않는다. 그의 글은 성지에서 듣고 본 이야기와 풍물에 대한 기억의 현재화에 다름 아니었다. 애초에 구법이 목적이 아니라 단순히 '바깥 세계와의 교류에 대한 호기심' 때문이었을 수도 있다. 혜초는 곳곳의 지명 표기에서부터 풍물의 표현 방법에 이르기까지 꼼꼼히 정리를 했다. 통상적인 중국식 명칭과 더불어 원래의 지역명을 함께 기록한 것은 처음이었을 뿐만 아니라, 마르코 폴로나 몽골 시대의 중국측 기록보다 5세기 이상 앞선 일이었다. '소륵(疎勒)'을 현지 명칭인 '가사기리국(伽師祇離國, Kashgar)'으로 정확히 음사한 것 등이 예다. 따라서 그의 여행 목적은 '문화학습'이라고 할 수 있다. 그보다 앞선 순례자들과 비교를 해보면 이러한 차이는 더욱 분명해진다.

여행자	여행기	시대	기한	여행장소	목적
Faxian 法顯	『佛國記』	5thC	399-413 (14년)	인도, 스리랑카	구법
Songyun & Huiseng 宋雲과 惠生	『宋雲行記』	6th	518-521 (3년)	중국 서역, 인도	외교
Xuanzang 玄奘	『大唐西域記』	7th	627-645 (18년)	인도	구법
Yizheng 義淨	『大唐西域求法高僧傳』	7th	671-695 (25년)	인도, 인도네시아 말레이지아	구법
Hyecho 慧超	『往五天竺國傳』	8th	723-727 (4년)	인도 중앙아시아 서아시아	문화학습

원문의 압축 사이에 숨어버린 혜초의 여정은 그러나 독자들로 하

여금 상상력을 발휘하지 않을 수 없도록 한다. 그 상상력이야말로 문화연구를 마주한 이들에게 도전 거리를 제공한다. 그의 여행기 『왕오천축국전』은 8세기 인도·중앙아시아에 관한 세계 유일의 기록이다. 따라서 우리는 혜초를 한반도의 한쪽 귀퉁이 신라의 국경에 그를 가두어 둘 수는 없다. 오히려 그가 활동했던 시대를 이해하기 위해 우선 6세기부터 9세기 사이의 동아시아, 서아시아, 중앙아시아와 관련된 한반도의 문화사적 맥락를 살필 필요가 있다. 이것은 역사를 시간에 따라 선형적으로 살피던 방식과 다르다. 특정 시간, 즉 6~9세기의 시기를 씨줄로 삼고, 관련 공간들을 날줄로 삼아 상호문화성을 찾아내는 문화현상학(Culture Phenomenology)의 방법론이다. 이는 문화가 역사라는 매개체 안에서 의미체계을 산출하지만, 동시에 그러한 역사의 재료와 대상이기도 하기 때문이다.[1] 우리가 혜초를 코스모폴리탄이라고 부르는 이유이다.

2. 횡으로 읽는 세계사적 배경

(1) 돌궐에서 비잔티움까지

혜초는 8세기에 활약했던 신라 출신의 청년이다. 그러나 혜초를 이

1 Angehrn, E., "Kultur und Geschichte - Historizität der Kulture und kulturelles Gedächtnis" *in Handbuch der Kulturwissenschaft*. Bd.1, hrgb. Jaeger, F. & Liebsch, B. Metzler, 2004. 386쪽.

해하기 위해서는 그의 시대였던 8세기와 그의 공간이었던 신라를 벗어나야 한다. 그렇게 하면 세계사적 의미의 8세기가 보이고, 코스모폴리탄으로서의 혜초가 보이기 때문이다. 시간적으로는 적어도 6세기부터 9세기에 이르기까지 격변의 시대를 이해할 필요가 있다. 공간적으로는 중앙아시아를 중심으로 일어난 대규모의 지정학적 변화를 이해할 필요가 있다. 그 시공간은 서로 떼려야 뗄 수 없는 밀접한 관계에 놓여있다. 이 시기는 기원전 4세기 알렉산더의 동방진출 이래 최대 규모의 세계사적 지각변동이 일어난 때라고 할 수 있다.

6세기 중엽 중앙아시아에서 발흥해서 7세기 초까지 활동했던 돌궐을 살펴보자. 돌궐은 유라시아 대륙의 가장 중심부에 위치한 오아시스 지역의 소그드까지 편입하면서 초원의 패자가 되었다. 동쪽으로는 고구려와 동맹하여 당나라에 대항하기도 했다. 고구려는 사신을 돌궐의 카간(王)에게 파견하여 수(隋)에 공동 대항하는 전략을 모색하기도 했다. 더욱이 돌궐비문에는 고구려와의 충돌 사실과 함께 돌궐 카간의 장례식에 고구려에서도 조문사절이 당도했음을 알리는 기사가 남아있다.

돌궐은 중국이라는 안정적인 공급지에서 물자를 확보하고, 대륙에서 자신들이 확보한 교통로를 통해 새로운 시장으로 이동시켜 판매하는 방식으로 부를 꾀했다. 이를 위해서는 자신들에게 부족한 경영 능력을 보완해줄 수 있는 오아시스 상인들의 협조가 절대적이었다. 소그디아나 출신의 상인들이 적임자였다. 돌궐에 새로 편입된 소그디아나는 유라시아 대륙의 가장 중심부에 위치한 오아시스 지역이었다. 지금은 대부분 우즈베키스탄 영토에 속해 있고, 동쪽 끝 일부만 타지키스탄 국경 안에 있다.

돌궐은 당시 사산조 페르시아와 동맹을 맺어 중앙아시아 초원과 북인도 등지에서 강력한 세력을 이루고 있던 에프탈을 무너뜨리고 명실공히 중앙아시아의 초원과 오아시스를 모두 아우르는 거대 유목 제국으로 발돋움하기 시작했다. 하지만 에프탈이 무너진 이후 주인을 잃은 영토 할양을 두고 돌궐과 페르시아의 대결이 표면화되기 시작했다. 그것은 서방의 비단 무역을 장악했던 페르시아 상인들과 돌궐의 지원을 받는 소그드 상인들의 충돌이었다. 급기야 돌궐은 567년 페르시아와 교섭을 벌이기 위해 사절을 파견했다. 바로 소그드 상인이 마니악(Maniak)이었다.

그는 먼저 페르시아측에 비단 금수(禁輸)의 철회를 요구했지만 거절당하고, 비잔티움과 손을 잡았다. 돌궐 상인들이 페르시아를 경유하지 않고 비잔티움과 직접 교류를 벌이게 된 것이다. 비잔티움은 569년 마니악이 돌궐로 귀국하는 길에 제마르쿠스(Zemarchus)를 외교대사의 자격으로 동행시켰다. 이것은 세계사적 매우 상징적인 사건이었다. 마침내 동방의 유목 국가인 돌궐과 서방의 비잔티움이 새로 연결된 중앙아시아 초원을 가로질러 만날 수 있게 됐음을 뜻하기 때문이다. 이로써 멀리 중국에서 비잔티움까지 돌궐을 매개로 하나의 거대한 교역망이 구축될 수 있었다. 하지만 돌궐과 비잔티움의 긴밀한 협조 관계도 그리 오래 가지 못했다. 이미 비단을 생산하고 있던 비잔티움에서는 돌궐과의 교역에 미온적이었다. 비잔티움으로서는 페르시아도 견제할 필요가 있었지만 돌궐이 지나치게 성장하는 것 또한 원치 않았던 것이다.

여기서 우리가 눈여겨봐야 할 부분은 돌궐의 역할이다. 그들은 당시 에프탈, 페르시아, 그리고 비잔티움 등을 상대로 세계대전이라 부를 만한 스케일의 대규모 격전을 주도했다. 이것은 자유무역체제를 바탕으로 한 최초의 세계화라 할만하다. 이를 통해 이익을 극대화하려했던 상인들의 처절한 노력이 제국의 성장과 밀접하게 연결돼 있었음을 보여준다.

돌궐과 고구려의 관계를 설명해주는 에피소드들도 있다. 고구려의 '바보 장군' 온달(溫達, ?-590)이 등장한 것도 바로 이때이다. 『삼국사기』에는 "온달의 얼굴이 멍청해 웃음거리가 됐다…다 떨어진 옷과 해진 신으로 다녔다."[2]는 기록이 있다. 온달이 소그드 출신이라는 가설이성립한다면, 이는 신분 질서가 엄한 고구려에서 오늘날 다문화 가정 출신 자녀가 겪은 것과 같은 어려움을 묘사한 것이라고 할 수 있다. 소그드 출신 인물에 대한 기록은 또 있다. 온군해(溫君解, ?-648)라는 인물로, 신라 김춘추를 호위하며 당에서 돌아오는 길에 '신분이 높은 사람이 입는 갓과 옷 차림'으로 위장하여 고구려 병사의 칼을 대신 맞고 죽었다.[3]도 두 온씨가 소그드의 왕족 출신이라는 근거는 중국 사서인 『전당문(全唐文)』의 '康國王烏勒伽傳(강국왕오륵가전)', 『북사(北史)』의 '강국전(康國傳)', 『위서(魏書)』,「관씨지(官氏志)」에 '소그드는 강국(康國)이라 불렸으며 그 왕족은 온씨'라는 기록이다.

2 권 45 '온달전(溫達傳)'

3 『삼국유사』 '진덕왕본기(眞德王本紀) 2년 기사'

소그디아인의 기질에 대해 현장은 『대당서역기』에서 “이곳 왕들은 호탕하고 용맹하다. 대부분 용사다… 죽음을 당연한 것으로 받아들여 전투할 때 그들 앞에 나타날 적이 없다“고 기록했다. 『신당서(新唐書)』 권 221 ‘강전(康傳)’에는 “남자 20세가 되면 이익을 도모할 수만 있으면 안 가는 나라가 없었다”고 썼다. 요컨대 용맹했던 소그디아 왕족들이 국제적 활동을 하는 과정에서 한반도에 온달과 온군해가 등장했다는 것이다. 경주 괘릉과 흥덕왕릉의 서역인 무인상도 이들의 후예들이 남긴 흔적일지 모른다. 특히 무인상의 허리띠 위로 드리운 복장, 포체테라 불리는 작은 뒷주머니가 전형적인 소그디아 스타일이라는 주장은 더욱 힘이 실린다.

7세기에 이르자 중국의 수·당, 한반도의 고구려·백제·신라, 바다 너머의 왜국, 중앙 초원의 돌궐·설연타·거란·토욕혼, 티베트 고산지대의 토번 등은 서로 뒤엉켜 그야말로 유라시아판 열국지를 그려내고 있었다. 원교근공(遠交近攻)과 합종연횡(合從連衡)이 되풀이되는 복잡다단한 시대였다. 630년, 당태종은 돌궐의 왕 힐리가한을 포로로 잡아 굴복시키고 말았다. 한편, 라싸를 중심으로 성장한 토번은 북방민족 토욕혼을 물리치고 송첸캄포 왕을 맞아 그 전성기를 이루었다. 당은 문성공주를 토번으로 시집보내 화평을 얻고 불교를 전해주기도 했지만, 640년에는 멀리 서역의 고창, 구차까지 정복하였다. 토욕혼, 토번, 돌궐, 위구르 등 북방민족의 침략으로부터 수백년 동안 수세에 몰리던 당나라가 중국 역사상 가장 서쪽까지 세력을 확장하면서 중반구의 패권을 잡게 되었다.

당나라는 고조, 태종, 고종의 초기 삼대를 중심으로 전성기(618-683)

를 맞으면서 한반도의 역사에도 결정적인 영향력을 끼치게 되었다. 그러나 645년, 태종은 서쪽을 잠시 버려둔 채 동쪽 끄트머리의 고구려 원정을 감행함으로써 결정적으로 몰락의 길에 들어서게 된다. 태종으로서는 수양제도 이루지 못한 업적을 자신이 이룬다는 생각을 했겠고, 서, 남, 북으로 모두 '오랑캐'를 복속시켰는데 유독 고구려만 당나라에 대립각을 세우고 있음을 참지 못했을 것이다. 평생 전쟁에 져 본 적이 없었던 당태종의 용병술이었지만, 안시성의 항전을 이길 수는 없었다. 이 싸움에서 태종이 화살을 맞고 눈 하나를 잃었다. 정사에는 나오는 이야기는 아니지만, 오랫동안 떠돌던 풍문을 고려 말의 이색 등이 전하고 있다. 그 후계자 당 고종은 즉위하자마자 650년에 서돌궐을 상대로 압도적인 승리를 거두었고, 지배력을 오늘날의 키르기스스탄과 카자흐스탄 동부까지 넓혔다.

당이 고구려와 싸울 때는 토번에게 기회가 왔고, 당이 토번과 싸울 때는 신라에게 한반도 통일의 기회가 왔다. 신라는 660년에 백제를, 668년에는 고구려를 멸하고 비록 불완전하기는 했지만 한반도의 통일을 이룸으로써 통일신라(668-935)가 되었다. 동맹국으로서 지분을 주장하던 당군을 한반도에서 몰아낸 것은 8년이나 지난 676년이었다. 결국 토번이 당나라를 휘저어서 대조영의 발해가 탄생하고 신라는 대동강까지 확장하는데 성공하게 된 것이다.

도상(圖像)으로 확인할 수 있는 중원과 서역, 그리고 한반도의 상호 교류에 대한 자료로는 '양직공도'(梁職貢圖)가 있다. 526~536년 무렵 양(梁)나라에 파견된 외국인 사절을 그림으로 그려 해설한 것이다. 특히 백제국사(百濟國使)에 관한 부분은 사신도와 7행 160여 자의 짧은 글로 구성되어 있다. 사신도에 그려진 백제 사신은 양손은 모은 채 검은 신발을 신고 약간 왼편을 향하고 있다. 여기에는 첫째, "진(晋)나라 말에 고구려가 요동·낙랑을 차지하고, 또한 백제는 요서 진평현(遼西晋平縣)을 차지하였다"는 기사가 등장한다. 백제가 진나라 말에 일시적으로 요서 지방을 점령했거나 그곳에 백제의 무역 전진기지가 있었을 것으로 짐작되는 부분이다. 한편 양직공도의 모사품으로 짐작되는 '왕회도'(王會圖)도 있다. 당 태종(太宗) 때 중국에 온 주변 23개국의 사신을 그린 이 그림은 고구려·백제·신라 3국의 사신 모습을 세밀하게 그리고 채색하고 있다. 따라서 양직공도와 더불어 당시 3국의 교류 관계를 이해하는 데 귀중한 자료가 된다.

650년을 전후한 이 시기와 관련해서는 두 가지를 더 들 수 있다. 첫째는 '장회태자묘(章懷太子墓) 예빈도(禮賓圖)'이다. 장회태자는 당 고종과 측천무후의 아들 이현(李賢, 654~684)을 말한다. 그림은 장회태자를 접견하려고 기다리는 듯한 인물 여섯 명이 그려져 있다. 왼쪽 세 사람은 당나라 관리이고 오른쪽 세 사람은 외국 사신이다. 그들은 각각 비잔틴 제국, 고구려(오른쪽에서 두 번째 조우관을 쓰고 있는 사람), 말갈 사람이라고 한다.[4] 그러나 고구려는 668년에 이미 패망했을 뿐 아니라, 그때 태자가 겨우 13세였고 황태자로 책봉된 것도 675년이었으니 이 인물은 고구려인이라기보다 신라인일 가능성이 훨씬 크다.

사마르칸트의 아프라시압 벽화 속에도 고대 한국인이 등장한다.

---

4 국립경주박물관설명문

벽화는 소그드의 바르후만 국왕 재위 시절인 650~670년 대에 제작된 것이다. 당시 상황을 추정해 볼 때 벽화 속의 사신은 699년 개국한 발해의 사신이거나 고구려 멸망(668년) 이후 통일 신라의 사신이라는 주장이 나왔다. 그러나 당시 고구려는 신라와 당 연합세력이 압박을 가해오자 당을 견제하기 위한 외교정책의 하나로 서역에 사신을 파견했을 것이라는 추정이 더욱 설득력을 갖는다. 이들은 조우관을 쓰고 환두대도를 차고 있다.

돈황석굴에도 조우관을 쓴 한국인으로 상정되는 인물이 39개나 있다.[5] 이들은 대부분 돈황 석굴의 조성 시기인 당나라 초기(618년)부터 송나라 초기(1035년)까지 사이의 인물이라고 할 수 있다. 보다 더 자세한 조사가 필요하지만, 고대 한국인들의 중원과 서역 진출은 이미 중국의 남북조 시대(386~589)부터 당나라 시대까지 활발하게 전개되었음이 분명하다.따라서, 혜초의 여행은 결코 우연히 이루어진 것이 아니고 축적된 경험치 위에 펼쳐진 것이라고 할 수 있다.

(2) 페르시아-아랍과 이슬람

7세기 중반, 서역에서는 사산조 페르시아가 무너지고 아랍 이슬람이 등장했다. 사산조 페르시아가 무너졌다고는 하지만, 그들의 오랜 문화적 전통은 아랍의 군사력이 함부로 다룰 수 있는 게 아니었다. 아랍은 새로운 종교 이슬람을 바당으로 그 범위를 넓혀갔으나, 어디까지나

5 李新, 2013, 「敦煌古代朝鮮半島圖像調査研究」(제2회 경주 실크로드 국제학술회 의 발표요지문)

페르시아의 문화적 전통을 바탕으로 할 수밖에 없었다. 당시에 동아시아가 만난 서역은 바로 이러한 복합적 구조를 가진 실체였다.

아랍과 페르시아의 역사를 추적해 볼 필요가 있다. 이슬람을 창시한 무함마드가 632년에 죽은 후 100년 동안 이슬람은 그 범위를 동쪽으로는 아랍에서 중앙아시아를 거쳐 중국까지, 서쪽으로는 지중해를 지나 이베리아 반도에 이르기까지 확장을 했다. 이 과정에서 아랍 이슬람에게 저항을 하던 사산조 페르시아는 637년 카디시아 전투에서 패한 후 당나라에 지원군을 요청했다. 따라서 이미 그전에도 사산조와 당나라의 교류는 매우 활발했으리라 짐작할 수 있다. 사산조를 멸망시킨 아랍 이슬람은 651년 3대 칼리프 우스만 사절의 장안 방문이 이루어졌다는 기록도 있다. 승자인 아랍은 이처럼 당과의 관계를 공식적으로 유지할 수 있었겠지만, 패자인 사산조는 당나라를 망명국으로 택해 수많은 유민이 흘러들었을 것이다. 그리고 이들은 중국 땅 동남부 해안 지방에 터전을 마련하고, 번방 자치구역을 형성했다.

당나라는 서진 정책으로 소그드를 압박하기 시작하자 그들은 시르강 서쪽을 지배하던 이슬람 세력에게 지원을 요청했다. 이에 압바스 왕조의 호라산 총독이 지원군을 보냈고, 결국 751년에 당나라와 티베트 연합군을 지금의 카자흐스탄과 키르기스스탄 접경을 흐르는 탈라스 강 근처에서 패퇴시켰다. 이때 페르가나 등 중앙아시아 일대가 압바스 왕조에 의해 장악되었고, 돌궐인들은 용병의 자격으로 아바스 왕조에 대거 유입되는 계기가 되었다. 또한 그때까지 중앙아시아에서 중국 문화권과의 밀접한 관계 아래 번성하고 있던 불교 문화가 이슬람을 중심으로 한 투르키스탄 문화권으로 바뀌게 된다. 포로로 잡힌 당나라 군사 중에는 종이를 만드는 기술자가 있었고, 이는 제지기술이 이슬람으로 넘어가게 된 계기가 되었다. 이는 문명사적으로 매우 중요한 사건이다.

거대한 관료제를 정비한 당은 국경에 거대 병단을 배치했다. 그러나 절도사로 군권을 잡은 소그드 출신의 안록산이 난을 일으켰다. 당이 압바스에게 패배한 지 4년 후인 755년이었다. 난을 일으킨 지 채 한 달이 안 돼 낙양을 점령한 안록산은 나라 이름을 燕이라고 하고 스스로 황제를 칭했다(756년 1월). 당은 속수무책이었다. 황제는 사천으로 도망치고, 속절없이 백성들이 죽어 나가던 757년, 홀연 북방에서 유목민 기병 5천명 이상이 도착했다. 군대를 이끄는 이는 위구르 카간의 아들이었다. 이 난을 진압하기 위해 당이 위구르에 원정군을 요청한 것이다. 이들은 사마르칸트와 히바 쪽에서 선발된 군인들이었기에 대부분이 페르시아계였다.

안록산의 난은 당송변혁기라는 거대한 변화를 이끌었을 뿐만 아니라 동아시아 전체의 맥락에서도 매우 중요한 사건이다. 토번도 이 기회를 놓치지 않았다. 그동안 네팔, 운남 일대까지 강역을 확장하던 기세를 몰아 763년 장안을 일시적으로 점령까지 했다. 위구르와 연합한 당군에 의해 보름만에 물러나기는 했지만, 토번의 기세는 압도적이었다. 780년대에는 탈라스 전투 이후 당이 주도권을 잃은 타림분지 전역을 장악하였다. 이 시대는 토번 제국의 역사뿐만이 아니라 티베트 전 역사를 걸쳐 황금시대라고 할 수 있다. 티베트 역사상 가장 광활한 강역을 차지했다. 중앙아시아 일대에 대한 확장은 아랍 세력에 의해 저지되었지만, 동아시아 패권을 두고 자웅을 겨루던 당을 압도하며 토번 제국 나름의 국제질서를 형성한 것이다. 문화적으로도 불교를 적극적으로 수용하되 티베트의 종교와 문화적 기틀을 마련하였지만, 그 전성기는 바로 황혼기이기도 했다. 불교가 기존 티베트 사회에 깊숙이 뿌리박힌 본(Bön)교와 대립하면서 결국 제국의 몰락이 시작된 것이다.

안록산의 난이 진압되고 난 후 760년 장안의 무슬림 거주민들이 4천여 가구에 달했다는 기록으로 봐서 당시 원군으로 왔던 페르시아계 위구르인들이 중국 땅에 그대로 주저앉았을 가능성이 많다. 이것이 무슬림들이 당나라로 대규모 이주를 하게 된 첫 번째 사건이라고 할 수 있다. 그 후 백년이 세월이 흐르는 동안 이슬람 세계와 당나라의 교류는 활발했고, 무슬림 거주자들도 기하급수적으로 늘어났다. 875-884년 황소의 난이 일어난 것은 중앙관리의 당쟁과 환관의 횡포가 심해지고, 기근이 내습하여 소금세가 높아져 사회적 불안은 절정에 달했을 때였다. 황소는 산동성에서 난을 일으켜 하남성과 산동성 일대를 점령하고 880년 60만 대군으로 낙양에서 장안까지 함락시키자 황제 희종은 쓰촨으로 달아났다. 이들은 투르크계 토벌군에게 격파되어 황소의 자결로 끝이 났다. 당나라는 그 후 23년간 존속하지만 명백만 유지했을 뿐이며 근본적으로 당나라가 붕괴되는 계기가 되었다. 이때 무려 10만명 이상의 무슬림이 학살 당했다는 기록이 있다.

학살 당한 사람들의 대부분이 동남부 해안지대에서 교역에 종사하며 살던 사람들이었다. 살아남은 자들은 현지에서 동화되거나 주변 국가로 흩어졌다. 이 중 일부가 신라로 흘러 들어갔을 것으로 짐작된다. 『삼국유사』에는 다음과 같은 이야기가 나온다. 황소의 난 이후 10여 년이 지난 897년, 동해 바다 개운포에 폭풍이 몰아쳐 알고 봤더니 용왕이 찾아온 탓이었다. 헌강왕이 그곳에 절을 짓겠다고 했더니 폭풍이 잠들고 용왕은 데리고 온 일곱 아들 가운데 하나를 헌강왕에게 보냈다. 그 아이가 자라서 처용이 되어 어여쁜 신라 아가씨를 아내로 맞이한다. 그러나 어느 날 처용이 자신도 알지 못하는 역신이 아내와 함께 잠자리를 같이 하는 것을 보고 다음과 같은 시를 짓게 된다.

> 서울 밝은 달에 밤들이 노니다
> 들어와 자리를 보니 다리가 넷이도다.
> 둘은 나의 것인데 둘은 누구의 것인고?
> 본래 나의 것이지만 빼앗긴 것을 어찌 하리요.

처용은 두 사람이 누워 있는 것을 보고도 화를 내지 않고 오히려 노래를 부르며 춤을 추었다. 아내를 빼앗겼으니 몽둥이를 들고 역신을 쫓아내야 할 터인데, 이런 체념적 태도를 취한 것은 누가 봐도 이상하다. 역신이 사람의 모습으로 처용의 아내를 능욕하는 모습은 질병 귀신이 그녀를 병들게 했다는 말이다. 처용의 반응에 깜짝 놀란 역신은 처용 앞에 꿇어앉아 "내가 큰 잘못을 저질렀으나 당신은 노여워하지 않으니 감동했습니다. 앞으로는 당신을 그린 가면만 봐도 그 문안에 들어가지 않겠습니다."고 했다. 그것은 역신의 존재를 인정하면서도 그 질병의 전염성을 자극하지 않고 자발적으로 물러가도록 한 관용이었던 셈이다. 무속에서는 역신을 손님으로 대접하며 잘 모신다는 뜻에서 손님굿이라고 한다. 그렇지 않으면 가속이 몰살당하거나 치명적인 복수를 당한다는 믿음은 서역의 질병관에도 숨어있다. 처용화상은 질병 부적의 효시로 신라 시대에 처음 나타나 벽사부적으로 변용, 전승되었다. 이 역시 '부적'의 관습이 실제로 아랍인들의 정복 전쟁기에서 비롯되었다는 사실과 관련이 있다. 이후 사람들은 처용의 모습을 그린 부적을 문에 붙여 귀신을 물리쳤다. 이때 처용이 지어 부른 노래가 처용가(處容歌)이고 그가 춘 춤이 처용무(處容舞)이다.

제임스 캐릭 무어는 자신의 저서 『두창의 역사』에서 팬데믹과 관련된 문명 교류사를 자세히 보고하고 있다. 유럽의 왕가에서도 부상이나 질병을 방지하기 위해 맨몸이나 오른팔에, 혹은 실크 위에 아랍어 주문이나 인물을 그린 부적을 붙였다는 것이다. 처용 전승에 남아있는 축사(逐邪) 행위도 이방 문화가 가져왔던 의료와 주술이 혼재한 문화 혼융의 중요한 흔적일 수 있다. 전염병을 피해 물러서는 것, 요즘 식으로 하자면 '격리'야말로 가장 중요한 경험적 치료의 방식이었던 것이다. 부적에 쓰이는 글자들도 그 뜻을 가늠하기 어렵지만, 한자와 페르시아 혹은 아랍 문자에서 변용된 도상 문자일 가능성도 없지 않다. 또한 부적에 처용처럼 인물형상이 그려지는 것은 오늘날 중동지역의 부적관습과 연관되어 있다. 동아시아 지역에서 길상부로 사용되는 달마부 또한 다른 부적에서는 찾아볼 수 없는 인물형상이 중심이다. '달마'(達磨, Bodhidharma, ?-528?)가 페르시아에서 왔다는 『낙양가람기』의 기록도 이런 가설을 뒷받침한다.

처용은 과연 서역에서 왔을까? 동아시아와 서아시아의 지형도가 바뀌면서 한반도의 역사도 활기를 얻게 되었다. 그 무대는 어느새 국제적이 되었다. 교역품이 몰려오고 인적 접촉이 가속화되면서 문화적 접촉도 활성화되었다. 소통의 채널은 이미 기원전부터 열려있던 실크로드였다. 이런 교류의 과정에서 사산조 페르시아의 역할은 대단했다. 메소포타미아와 오리엔트의 문화적 특징을 고스란히 보여주는 사산조는 풍성하고 다채로운 예술을 꽃피웠음은 물론, 당시 로마 제국의 박해를 받았던 네스토리우스 기독교조차 포용하여 동아시아의 전해줌으로서 기독교가 퍼져나가는 역할도 담당했다.

이 시기 서산조 페르시아를 통한 유리제품과 카펫류가 신라에 도입된 것도 이런 맥락에서 이해할 수 있다. 또한 사산조 페르시아가 아랍-이슬람세력에 멸망하면서 많은 정치적 망명자들이 신라를 비롯한 동아시아로 피신한 것조차 동서 문명교류의 거대한 물결이 되어 한반도까지 그 파고가 미쳤다. 조선 초기까지도 한반도는 바깥 문명에 열려있었고 외래문화를 받아들여 자기 것으로 만들어내는 융합의 정신을 정체성으로 삼고 있었다. 고대 이래로 한국은 지정학적 입장이나 이념적 문화적인 영향 때문에 중국과의 접촉이 주를 이루었지만 결코 중국의 일방적인 영향 아래 있었던 것은 아니었다. 중국과 동북아 일원에서의 정치 판도에 따라 흉노, 튀르크, 페르시아-아랍, 몽골 같은 북방민족과도 폭넓은 교류를 해왔던 것이다.

3. 코스모폴리탄 혜초

혜초가 마지막으로 거쳤던 쿠차는 당의 안서도호부 소재지였다. 서부지역을 압박하던 토번이라는 강대국을 견제하고, 카슈미르와 카불, 시리아와 이랍 등 서역을 이어수는 교두보이기도 했던 이곳을 지키던 이는 바로 고구려 유민 고선지였다. 그는 나중에 탈라스 전투를 통해 세계사의 한 가운데 섰던 사람이다. 시기적으로 혜초와 고선지가 만났을 개연성은 충분하지만, 그들은 이미 신라인과 고구려인으로서가 아니라 세계인으로서였다. 그들이 함께 있었던 공간은 아랍에서 페르시아를 장악하고 비잔틴을 교두보로 삼아 안달루시아까지 진출했던 이슬람이 최초로 동양을 만나게 된 공간이기도 했다. 장안으로 돌아와 780년에 입적한 혜초는 문명이 홀로 존재하지 않는다는 사실을 누구보다 먼저 깨달은 사람이었다. 그의 깨달음은 신라를 실크로드의 동단으로 주목받게 한 결정적인 계기가 되었다.

신라는 7세기에 삼국통일을 이룬 후 8세기에 이르면서 세계를 향해 본격적인 진출의 신호탄을 쏘아 올렸다. 많은 신라인들이 서역을 향했다. 신라의 세계 진출은 결코 우연히 이루어진 일이 아니었다. 때를 만나기 위해 엄청난 역경의 시간을 거쳐야 했다. 특히 이웃 당나라와의 관계가 그랬다. 긴장의 관계는 외교적으로 풀고 문화와 상업의 교류는 장려했다. 덕택에 신라는 당나라가 장안을 중심으로 전개해 온 글로벌 문화의 생산과 소비에도 거의 동시적으로 참여할 수 있었다. 혜초의 서역 여행을 끝난 후, 당나라는 외교적으로 커다란 위기에 직면했다. 북쪽에서는 발해의 침략을 받았고, 남쪽에서는 남조의 침략을 받았다. 중심이 흔들릴수록 주변이 드러나는 법이다. 이제는 당나라가 아니라 그 문화의 원천이 되었던 아득한 미지의 땅 서천서역국이 궁금했고, 신라가 대상으로 삼은 세계는 훨씬 더 커졌다.

혜초는 문명교류의 개척자적·선구자적 역할을 수행한 사람이다. 그것은 담 너머의 세상이 지금 이곳의 우리와 연결되어 함께 존재한다는 사실을 소통과 교류를 통해 깨닫는 일이기도 하다. 비록 '계림'을 그리워하며 스스로 신라인임을 밝혔다고는 하지만, 그는 결코 신라인임을 내세우지는 않았다. 그것은 부끄러움도 아니지만 자랑도 아니었다.

한 인간 존재로서의 정체성을 확인하는 단계였다. 신라와 실크로드를 함께 읽어야 하는 이유는 신라인의 개척 정신이 통섭적 세계관을 바탕으로 펼쳐진 거대한 문명의 벨트에서 비롯되었기 때문이다.

혜초의 서역기행과 그 기록인 『왕오천축국전』은 커다란 문명사적 의미를 지닌다. 혜초는 사상 최초로 아시아 대륙의 중심부를 해로와 육로로 일주하고 현지 견문록을 남김으로써 문명교류사에서 개척자적 및 선구자적 역할을 수행했다. 멀리 대식까지 다녀온 한국의 첫 세계인으로써 한민족사의 전개에서도 불멸의 업적을 남겼다. 또한 그의 기행문은 높은 사료적 가치를 지닌 인류 공동의 문화유산이다. 문화가 역사적인 까닭은 사회 제도를 포함해서 예술작품, 종교, 학문적 인식들을 망라하는 모든 문화적 형성물들이 삶의 창조적 운동의 산물이기 때문이다. 따라서 혜초는 문화라는 인류의 정신적 삶의 역사적 운동 과정을 구체적으로 해명하고자 한 코스모폴리탄으로서의 귀한 모범이라고 할 수 있다.

그렇게 쓰여진 『왕오천축국전』이 20세기 초에 이르러 마치 한 편의 드라마처럼 베일을 벗기 시작했다. 하노이에 있는 프랑스극동학원(École Française d'Extrême Orient)에서 일을 하던 프랑스인 중국학자 폴 펠리오(Paul Pelliot, 1878~1945)는 학회의 장서 수집을 위해 1900년 베이징으로 파견되었다. 의화단 운동이 한창일 때였다. 그리고 1906년 탐험단을 이끌고 중앙아시아로 떠났다. 그들은 투르키스탄 지역을 모스크바와 타슈켄트를 경유하여 철도로 이동하였고, 같은 해 8월 말경 카슈가르에 도착하여 러시아 총독과 함께 머물렀다. 그곳에서 쿠차로 향했다. 그리고 쿠차에서 소실된 쿠차 언어로된 많은 문서를 획득했다. 펠리오는 유창한 중국어 솜씨를 뽐내 현지의 중국인 관료를 놀라게 했고, 그의 노력은 곧 결실을 보았다. 쿠차에서 다시 우루무치를 거쳐 둔황에 도착한 것은 1908년 2월 12일이었다.

둔황에 도착한 펠리오는 왕위안루(왕원록)의 장경동에 대한 소문을 들었다. 1900년 6월 22일, 중국 서북 지역의 둔황 천불동에 머물며 석굴을 수리하던 도사 왕원록이 우연히 오래된 두루마리가 빽빽이 쌓여 있는 석굴 하나를 발견했다는 것이다. 이곳에 보관되어 있던 문서와 불화 자료는 확인된 것만 4만 점이 넘으며, 연대가 확인되는 문서 중 가장 이른 것은 4세기, 가장 늦은 것은 12세기에 해당한다. 문서의 80% 이상이 한문 문서이며, 90%는 불교 관련 문헌이다. 이외에 호탄, 산스크리트, 소그드, 티베트, 위구르어 자료가 포함되어 있으며, 유교 경서와 도교, 마니교, 경교 전적, 사원문서(승려 명부 등), 관문서 등이 전한다. 더불어 속문학(俗文學) 연구에 중요한 자료가 되는 변문(變文)도 포함되어 있다. 특히 한문 문서들은 판본이 발달하기 이전의 사본 형식의 문서로서는 가장 오래된 것으로, 중국사 연구에서 매우 중요한 가치를 지닌다. 이때까지만 해도 중국에서 가장 오래된 것으로 알려진 사본은 당(618~907) 시대의 것인 『설문해자』 잔권과 『당운』 정도였다.

그러나 펠리오는 한발 늦었다. 이미 한 해 전인 1907년에 영국의 오럴 스타인(Aurel Stein)이 중앙아시아 탐험대를 이끌고 왕도사로부터 수천점의 자료를 헐값에 넘겨받은 뒤였다. 이미 상당 부분의 자료가 유출된 후였지만, 펠리오는 3주간 남은 자료들과 씨름하며 분석한 후에 왕원록을 설득하여 막대한 분량을 구입한 것이다. 그 가운데 하나가 『왕오천축국전』이다. 그리고 최초로 학계에 보고된 것은 1909년 5

월이었다. 이들 자료는 <둔황학>의 시발이며 <실크로드학>의 기반이 되었다. 그 역사는 19세기 말에 시작되었으니, 이제 겨우 100년 남짓한 신흥학문인 셈이다. 스웨덴의 스벤 헤딘, 영국의 오렐 스타인, 프랑스의 폴 펠리오, 독일의 폰 르콕, 미국의 랭던 워너, 일본의 오타니가 대표적인 개척자들이다.

하지만 이들은 한결같이 제국주의의 그늘 아래 있었다. 따라서 '문화전파론'이 실크로드를 설명하는 유력한 이론으로 자리잡게 되었다. 서양문화의 원류인 그리스 문명이 인도와 실크로드를 지나 동양에 전래되었다는 것이다. 오늘날 신라의 역사를 설명하는 방식이 교류보다는 오로지 외래 문명, 즉 서역으로부터 일방적 전파의 결과로만 해석되는 것이 그 예라고 할 수 있다. 엄격히 말해, 『왕오천축국전』에서 교류의 흔적을 찾기란 어렵다. 교류란 생산과 소비의 능력을 동시에 갖추어졌을 때 가능하다. 이희수 교수가 발제에서 "왜 우리 문화의 전파 흔적은 보이지 않는가?"라는 질문을 던진 것도 같은 맥락이라고 할 수 있다. 우리의 다음 과제로 남겨둔다. 진정한 교류의 가치를 찾기 위해서는 실크로드 문명의 생산을 위한 신라의 역할은 무엇이었는지를 밝히는 일이다.

참고문헌

신라와 실크로드 참고문헌

제1장

이희수 공저 (2003). 『바다의 실크로드』, 청아출판사

이희수 (2012). 『이슬람과 한국문화』, 청아출판사

정수일 (2007). 『씰크로드학』, 창비

정수일 (2005). 『한국속의 세계』, 창비

제2장

岡內三眞(編)·박천수 역 (2016). 『실크로드의 고고학』 진인진.

국립중앙박물관a (1998). 『고고유물로 본 한국고대국가의 형성』 서울: 국립중앙박물관.

국립중앙박물관b (2009). 『도르릭나르스 흉노무덤』 서울: 국립중앙박물관.

국립중앙박물관c (2010). 『실크로드와 둔황 혜초와 함께하는 서역기행』 파주: 국립중앙박물관.

국립중앙박물관d (2017). 『몽골 고아 도브 흉노 유적』. 서울: 국립중앙박물관.

김경미 (2020). 「신석기시대 거주지 차탈휘육(Çatalhöyük)의 삶과 예술」 『동서인문학』 제58집. 계명대학교 인문과학연구소, 145-178.

김장구 편 (2019). 『신북방정책과 초원 실크로드에 대한 인문학적 탐색』 경제·인문사회연구회

김정완·이주헌 (2006). 『철의 왕국 가야』 서울: 국립중앙박물관.

김호동 (2016). 『아틀라스 중앙유라시아사』 사계절.

박남수 (2011). 『韓國古代의 동아시아交易史』 주류성.

박천수 (2016). 『新羅와 日本』 진인진.

박천수 (2016). 「古代 東北亞細亞 出土 琉璃器의 移入經路와 歷史的背景」 『韓國考古學報』 101, 韓國考古學會.

박천수 (2018). 「琉璃器로 본 실크로드의 변천」 『李(加藤)九祚의 생애와 실크로드 유리직물』, 경북대학교 실크로드조사연구센터.

박천수 (2019). 「古代の朝鮮半島と日本列島」, 吉村武彦(編) 『シリ ズ古代をひらく渡來系移住民』, 岩波書店.

박천수 외 (2019). 『Silk Road 文明交流史』III, 경북대학교인문학술원실크로드조사연구센터·경북대학교고고인류학과·중앙아시아학회·우석대학교실크로드영상연구원.

에렉젠, G. (2010). 「흉노 귀족계층 무덤의 연구」 『中央아시아硏究』 중앙아시아학회, Vol.15, 55-78.

윤상덕 (2010). 「鷄林路 寶劍의 製作地와 製作集團」 『慶州 鷄林路14號墓』, 국립경주박물관.

李慶新(저)·현재열·최낙민 역 (2018). 『동아시아 바다를 중심으로 한 해양실크로드의 역사』 (해양도시문화교섭학번역총서15), 도서출판선인.

이송란 (2004). 『신라 금속 공예 연구』, 일지사.

이송란 (2016). 「南北朝時代 北朝 고분 출토 西方系 琉璃器」 『한국고대사탐구』 22, 한국고대사탐구학회.

이송란 (2019). 「중국남북조시대 서방계 금은기의 수입과 제작」 『숭실사학』 43, 숭실사

학회.

이한상 (2014). 「신라의 장신구」, 『신라고고학개론』상, 진인진.

林梅春(著)·장민·금지아·정호운 역 (2020). 『실크로드 고고학 강의』, 소명출판.

岡崎敬 (1973). 『東西交涉の考古學』, 平凡社.

道明三保子 (1985). 「モザイク玉」, 『ペルシアの瑠璃玉』, 淡交社.

由水常雄(編) (1992a). 『世界ガラス美術全集 第1巻 古代·中世』, 求龍堂.

由水常雄(編). (1992b). 『世界ガラス美術全集 第4巻 中國·朝鮮』, 求龍堂.

辛島昇 (2000). 『海のシルクロ ド』, 集英社.

由水常雄 (2001). 『ローマ文化王國-新羅』, 新潮社.

大西修也 (2002). 『日韓古代彫刻史論』, 中國書店.

周炅美 (2003). 『中國佛舍利莊嚴研究』, 一志社.

羅丰 (2004). 『胡漢之間』, 文物出版社.

林俊雄 (2006). 『グリフィンの飛翔—聖獸からみた文化交流』, (ユ ラシア考古學選書), 雄山閣.

林俊雄 (2007). 『スキタイと匈奴遊牧の文明』, (興亡の世界史02), 講談社.

堀敏一 (2008). 『東アジア世界の歴史』, 講談社.

草原考古學研究會(編) (2019). 『ユラシア大草原を掘る草原考古學への道標』, 勉誠出版.

林俊雄 (2018). 「ユ ラシア草原文化と樹木」,山口博(編), 『ユ ラシアのなかの宇宙樹·生命の樹の文化史』,(アジア遊學228), 勉誠出版.

Macqueen, J.G. (1996). *The Hittites And Their Contemporaries in Asia Minor* (Revised and Enlarged Edition). London: Thames & Hudson

Yazıcı, Cglan (Ed.) (2015). *Anatolia: On the trail of the Hittite civilization*, 2nd. ed., Istanbul: Uraus.

Killgrove, Kristina. “These Ancient Headless Corpses Were Defleshed By Griffon Vultures” https://www.forbes.com/sites/

kristinakillgrove/2016/06/09/griffon-vultures-defleshed-corpses-tocreate-headless-burials-in-ancient-anatolia/#14efdfaf39c6 (검색일: 2019.10.10.)

Rawashdeh, Saeb. “American scholar examines ‘bizarre’ early human burial practices” (Jul 13,2017), https://www.jordantimes.com/news/local/american-scholar-examines-bizarre%E2%80%99-early-humanburial-practices (검색일: 2020.09.25.)

강인욱의 북방 역사 기행 <50> 「흉노가 좋아했던 옥저인의 온돌」, 국제신문(2009-03-19), http://www.kookje.co.kr/news2011/asp/newsbody.asp?code=2500&key=20090320.22032202132 (검색일: 2020년 9월 20일)

강인욱. 「신라인은 왜 스스로를 ‘흉노의 후예’라 불렀을까」, 한겨레 (2020-05-29). http://www.hani .co.kr/ar ti/culture/b o ok /9 47012 .html (검색일: 2020.09.20.)

박진일. <사슴 장식 구멍단지>. 큐레이터 추천 소장품: 국립중앙박물관 https://www.museum.go.kr/site/main/relic/recommend/view?relicRecommendId=165930 (검색일: 2018.09.10.)

신역사스페셜 51회 「수수께끼의 나라 신라, 2편 금관은 왜 사라졌는가」 (2010.11.25. 방송) http://history.kbs.co.kr/ (검색일: 2020.09.25.)

제3장

강나리 (2018). 「新羅 下代 渡唐留學의 성행과 그 배경」 『한국고대사연구』 제90권, 161-193.

권영필 (1992). 「경주괘릉인물석상 재고: 이란계 무인·위구르계 문인석상」 『미술자료』

제50호.

권영필 (2002). 「신라문화 속에 남아있는 서역요소」『신라인의 실크로드』 서울: 백산자료원, 103-113.

김원룡 (1987). 『한국미술사연구』. 서울: 일지사.

김창석 (2006). 「8~10세기 이슬람 제종족의 신라 來往과 그 배경」『한국고대사연구』 제44권, 93-126.

김호동 (2002). 『동방 기독교와 동서문명』. 서울: 까치.

변인석 (1999). 「당 장안 도성안의 사찰과 신라승려」『정토학연구』 제2권, 155-175.

신형식 (2002). 「신라와 서역과의 관계」『신라인의 실크로드』 서울: 백산자료원, 115-136.

윤 완 (2004). 「통일신라시대 견당유학생(遣唐留學生) 연구」『교육학연구』 제42권 제4호, 85-104.

이경규 (2002). 「경교비에 나타난 경교사상에 관하여」『대구사학』 67집, 81-98.

이경규 (2003). 「경교의 토착화에 대한 일고」『대구사학』 70집, 111-127.

이수연 (2015). 「중국 고대기독교 경교의 성경 번역」『번역학연구』 제16권 제2호, 139-164.

이인경 (2018). 「콘스탄티노플의 데오스(Theos)와 이스탄불의 알라(Allah)」『실크로드에서 만난 신 이야기』 권상우 외 9명 지음. 대구: 계명대학교 실크로드중앙아시아 연구원, 174-213.

이현모 (2009). 「경교는 실패한 모델인가?: 현대 상황화 개념에 따른 재평가」『복음과 실천』 제43집, 295-324.

임영애 (2002). 「'서역인'인가 '서역인 이미지'인가: 통일신라미술속의 서역인식」『미술사학연구』 제236호, 45-67

전영준 (2009). 「신라사회에 유입된 서역 문물과 多文化的 요소의 검토」『신라사학보』 제15호, 161-192.

정수일 (2002). 『문명교류사 연구』 서울: 사계절.

조성우 (1998). 「당대 경교 교원의 활동과 그 성격: 외래 종교에 대한 당의 태도와 관련하여」 『위진수당사연구』. 제4집, 187-212.

허남결 (2014). 「실크로드의 호상 소그드 상인들의 재조명」 『종교와 역사의 교차점, 실크로드』 금강대학교 불교문화연구소 편. 서울: 민족사, 297-319.

황정욱 (2002). 「경교 일천론 제일에 나타난 신학 사상 연구」 『신학사상』 116호, 218-248.

황정욱 (2005). 『예루살렘에서 長安까지: 그리스도교의 唐 전래와 景敎 문헌과 유물에 나타난 중국 종교의 영향에 대한 연구』 오산: 한신대학교출판부.

杨熙楠. 최수산나 (2008). 「경교와 한어신학」 『기독교사상』 제716호. 104-107.

Baumer, Christoph. (2016). *Fruhes Christentum zwischen Euphrat und Jangtse*. 『실크로드 기독교: 동방교회의 역사』. 안경덕 옮김. 서울: 일조각.

Chua, Amy. (2008). *Day of Empire: How Hyperpowers Rise to Global Dominance and Why They Fall*. 『제국의 미래』. 이순희 옮김. 서울: 비아북.

제4장

강판권 (2006). 『차 한잔에 담은 중국의 역사』 지호.

국립중앙박물관 (2013), 『표암 강세황 豹菴 姜世晃』 국립중앙박물관.

김금용 외 (2017). 『사막에서 열흘』, 책만드는집.

김금용, 김우남 외 (2018). 『다시 사막에서 열흘』.

김부식, 이강래 옮김. (2013) 『원본 삼국사기』 한길사.

송재소·유동훈 등 (2001). 『한국의 차 문화 천년3』 돌베개.

안정복 (2007). 민족문화추진회 옮김, 『국역 동사강목』 한국학술정보.

余言焱 編著 (2013). 『中國歷代茶具』 浙江撮影出版社, 2013.

陸羽 (2016). 『茶經』 文物出版社.

李圭景 (2009). 민족문화추진회 옮김 『오주연문장전산고』 한국학술정보.

李尙迪 (2003). 『恩誦堂集』 民族文化推進會,

필자약력

강판권은 계명대학교 사학과에서 학사와 석사를 거쳐 경북대학교에서 청대 강소성 남부지역의 농업경제로 박사학위를 받았다. 현재 계명대학교 사학과에 재직하고 있다. 『나무열전』, 『역사와 문화로 읽는 나무사전』(2010년 숲과 문화회 올해의 저술상, 2011년 한국간행물윤리위원회 올해의 저작상), 『선비가 사랑한 나무』(2014년 세종도서 교양도서(철학·심리학·윤리학 부문) 선정), 『숲과 상상력』(한국출판문화산업진흥회 우수출판콘텐츠제작지원사업 선정), 『나무철학』(2019년 제주시 올해의 책 선정) 등 29권의 저서와 43편의 논문이 있다.

김경미는 2006년 독일 하이델베르크대학에서 서양미술사로 철학박사 학위를 받은 후 계명대학교 Tabula Rasa College에서 교양세미나 영역 교수로 재직하며 '교양세미나'와 '미술과 문화', '대학생을 위한 현대미술 읽기' 등을 강의하고 있다. 서양미술사 연구를 하며 《르네상스 미술의 이해》를 출간했으며, 최근 실크로드에 관한 연구로 시각을 넓혀 '터키 세밀화에 나타난 용 이미지 연구', '실크로드 상의 호랑이를 동반한 인물화 연구: 행각승, 나한, 산신', '신석기 시대 유적지 차탈휘육의 삶과 예술' 등의 논문을 발표했다.

김중순은 1988년 독일 짜알란트대학교에서 비교종교학으로 철학박사 학위를 받은 후 계명대학교 한국문화정보학과 교수로 재직하다가 2020년 2월에 정년 은퇴했다. 시베리아 샤머니즘과 관련하여 야쿠트 민족의 민속 전통에 관한 연구를 했으며, 다문화시대에 새로운 가치로 떠오르는 종교적 공존과 관용 문제로 시각을 넓히면서 《다문화 시대의 이슬람 이해: 그 반역의 역사》, 《수피즘: 실크로드를 읽는 문화코드》, 《중반구 문명과 글로벌 르네상스: 교류사로 읽는 문명 이야기》 등의 저술을 펴냈다. 지금은 명예교수로 계명대학교 실크로드 중앙아시아연구원장직을 맡고 있다.

나인호는 연세대학교 사학과 및 동대학원을 졸업하고 독일 보훔대학교(Ruhr Univ. Bochum) 역사학부에서 철학박사 학위를 받았다. 현재 대구대학교 역사교육과 교수로 있으며, 한국독일사학회, 대구사학회 회장을 역임했다. 《개념사란 무엇인가-역사와 언어의 새로운 만남》, 《증오하는 인간의 탄생-인종주의는 역사를 어떻게 해석했는가》 등을 저술했다.

박천수는 1990년 경북대학교 석사과정을 수료하고 1996년 오사카대학에서 박사학위를 받은 후 1997년부터 경북대학교 고고인류학과 교수로 재직하고 있다. 가야사, 고대 한일관계사를 연구하였으며 2009년부터 유라시아 실크로드 문명교류사를 연구하고 있다. 저서와 역서로는 《가야분녕사》, 《비화가야》, 《加耶と倭》, 《새로 쓰는 한일교섭사》, 《일본속의 고대한국문화》, 《신라와 일본》, 《실크로드의 고고학》, 《유라시아 실크로드 복식교류》 등이 있으며 경북대학교 인문학술원 실크로드조사연구센터장을 맡고 있다.

윤용섭은 2006년 서울대학교에서 법학을 공부했고 경북대학교에서 원효학으로 교육학 박사 학위를 받았다. 수십 년간 동아시아의 역사와 문학, 철학에 관한 연구와 강의를 하였으며 인류 문명교류사에 관하여도 현장답사를 겸한 탐구를 계속하고 있다. 한편 우리나라의 전통성악인 '국가문화재 30호(가곡)'을 이수했다. 《음악, 마음을 다스리다》, 《읽고 쓰는 현대 논어》, 《노인이 스승이다》, 《동양사상과 무의식》, 《공자와 인간심리》, 《홍익사상의 전개》, 《처사의 삶》 등의 논저가 있다. 지금은 (사)한국정가진흥회장과 경북도 문화정책자문관을 맡고 있다.

이인경은 연세대학교 신학과를 졸업하고, 동 대학원 신학과에서 "에큐메니칼 페미니스트 윤리" 연구로 박사학위를 받았다. 현재 계명대학교 Tabula Rasa College에 재직 중이며, <기독교의 이해>, <생명감수성 인큐베이팅> 등을 강의하고 있다. 개신교 신학과 윤리 연구에서 출발하여, 현재는 다종교 사회의 종교 간 대화와 종교 문해력 그리고 다종교 감수성 등의 주제에 관심을 가지고 있으며, 실크로드 종교를 중점적으로 연구하고 있다. 『여성·신학·윤리』, 『기독교와 대화하기』(공저), 『생명감수성 인큐베이팅』(공저), 『책으로 사람을 연출하다』(공저), 「키루스 다시 읽기」, 「콘스탄티노플의 데오스와 이스탄불의 알라」, 「중국 당대 경교의 수용 및 전개 양상과 신라 전래」 등의 저서와 논문이 있다.

이희수는 터키 이스탄불대학교에서 투르크 이슬람 문화연구로 박사학위를 하고 그곳 마르마라대학교 중세사학과 조교수로 유목문화론과 극동사 들을 가르쳤다. 사우디아라비아, 튀니지, 이란 등지에서 인류학 현장연구를 수행했으며 현재 계명대 실크로드 중앙아시아연구원 특임교수 겸 한양대학교 문화인류학과 명예교수로 재직하고 있다. 『이슬람과 한국문화』, 『세상을 바꾼 이슬람』, 『중동의 역사』 등 82권의 저역서가 있다.

장옥관은 계명대학교 국문학과를 졸업하고 단국대학교 대학원에서 문예창작학 전공으로 박사학위를 받았다. 현재 계명대학교 Artech College 문예창작학과 교수로 재직 중이다. 1987년 《세계의 문학》으로 등단했으며, <김달진문학상>·<일연문학상>·<한국문화예술위원회 2007년 올해의 시>·<금복문화상>·<노작문학상> 등을 수상하였다. 저서로는 시집 『황금 연못』, 『바퀴소리를 듣는다』, 『하늘 우물』, 『달과 뱀과 짧은 이야기』, 『그 겨울 나는 북벽에서 살았다』와 동시집 『내 배꼽을 만져보았다』, 시 해설서 『현대시 새겨 읽기』 등이 있다.

정진한은 2012년 요르단 대학교에서 한-이슬람교류사로 석사학위를, 2020년 영국 런던대학교 동양아프리카 대학(SOAS)에서 문명교류사로 역사학 박사학위를 받았다. 2008년부터 한국문명교류연구소에서, 2020년부터 단국대학교 GCC국가연구소 연구원으로 근무하고 있으며, 2019년부터 한국외대 등에서 이슬람 사상과 동서교류사를 강의중이다. 문명교류사, 이슬람, 중동학을 연구 중이며, 《이슬람 세계관 속 신라의 역사: 알 마스우디(c. 896-956)의 창세기부터 각 민족의 기원을 중심으로》, 《이슬람 세계가 신라를 황금의 섬으로 인식한 관념적 연원: 세상의 동쪽 끝 황금 섬들의 신화에 대한 인식론적 분석》, 《신라가 이슬람 세계로 수출했다는 물품 목록에 관한 재고: 이븐 쿠르다지바(820-912)의 『諸(제)도로와 諸(제)왕국지』를 중심으로》 등의 논저를 펴냈다. 현재 한국이슬람학회 편집이사를 맡고 있다.